Vida pública
e identidade nacional

Adrián Gurza Lavalle

Vida pública
e identidade nacional

LEITURAS BRASILEIRAS

· prefácio:
Gabriel Cohn

EDITORA
GLOBO

Copyright © 2004 by Adrián Gurza Lavalle

Todos os direitos reservados. Nenhuma parte desta edição pode ser utilizada ou reproduzida – em qualquer meio ou forma, seja mecânico ou eletrônico, fotocópia, gravação etc. – nem apropriada ou estocada em sistema de bancos de dados, sem a expressa autorização da editora.

Preparação: Eugênio Vinci de Moraes
Revisão: Ana Maria Barbosa e Valquíria della Pozza
Índice remissivo: Luciano Marchiori
Capa: Rita da Costa Aguiar
Foto de capa: Alexandre Schneider

Dados Internacionais de Catalogação na Publicação (CIP)
(Câmara Brasileira do Livro, SP, Brasil)

Gurza Lavalle, Adrián
    Vida pública e identidade nacional : leituras brasileiras / Adrián Gurza Lavalle ; prefácio Gabriel Cohn. – São Paulo : Globo, 2004.

    Bibliografia
    ISBN 85-250-3864-4

    1. Características nacionais brasileiras 2. Identidade social – Brasil 3. Política pública (Direito) – Brasil I.Cohn, Gabriel. II. Título.

04-2571   CDD-302.140981

Índice para catálogo sistemático:
1. Brasil : Espaço público e identidade nacional : Sociologia 302.140981

Direitos de edição em língua portuguesa para o Brasil adquiridos por Editora Globo S. A.
Av. Jaguaré, 1485 – 05346-902 – São Paulo – SP
www.globolivros.com.br

Sumário

Prefácio *11*
Abertura *15*

I. As dificuldades do espaço público no Brasil

1. Algumas distinções 27
2. Os públicos de auditores e a "razão romântica" 33
3. O "divórcio" entre a sociedade e o Estado 40
4. A "ausência de povo" 49

II. As armadilhas da identidade nacional

5. Para contornar a tentação do anacronismo 63
6. Temas e problemas no discurso da identidade nacional .. 69
7. A reapropriação dos temas da identidade 72
8. A identidade como substrato cultural e psicológico *81*

III. A RAPSÓDIA DO *ETHOS* PÚBLICO

9. O núcleo e as variações dos argumentos 97
10. Os primeiros passos do itinerário *103*
11. A racionalidade da açambarcagem *108*
12. Os alcances da modernização *117*

IV. A REPRODUÇÃO DO *ETHOS* PÚBLICO

13. A função de hipótese *ad hoc* *131*
14. Uma interpretação ainda afirmativa *142*
15. Os flancos do conhecimento e da representação *148*
16. As armadilhas: tautologia e "anomalização" *153*
17. Retrospectiva *166*

Bibliografia *171*
Notas *180*
Índice remissivo *209*

*Para Karin,
pelo riso da luz*

No caso do detetive o crime existe, o problema está formulado: quem matou? Mas o cientista, pelo menos em parte, comete seu próprio crime...

ALBERT EINSTEIN e LEOPOLD INFELD

PREFÁCIO

ARGÚCIA. Este termo, que ocorre no texto de Adrián Gurza Lavalle repetidas vezes com variantes como "agudeza" e "acuidade", bem serve para caracterizar o excelente livro que ele agora nos oferece. Pois se é isso que ele persegue nos autores que examina, é também o que dá a marca do seu próprio trabalho, na seqüência de leituras cruzadas com que constrói o seu argumento. Na realidade, o modo como lança mão desse entrelaçamento de diferentes interpretações do Brasil já constitui um dos pontos da originalidade do tratamento que dá ao seu tema. E este consiste, em primeira aproximação, nas vicissitudes da emergência do espaço público no Brasil moderno. O tratamento dado ao tema é, contudo, indireto, e disso deriva parte do encanto do livro. A análise passa pelo exame do modo como outros pensaram a questão e, sobretudo, de como formularam propostas explicativas. Importa, pois, nas palavras do próprio autor, passar pelo "surgimento e consolidação do *ethos* público como chave explicativa da vida e do espaço público" no Brasil.

Não é este o lugar para expor o conteúdo do livro em toda a sua riqueza; do contrário, o prefácio seria suficiente, e o rabo abanaria o cachorro. Neste ponto só cabem algumas indicações sumárias, talvez até um pouco enigmáticas (afinal, o leitor tem a chave do enigma na mão) daquilo que o livro oferece. Nele apresenta-se uma argumentação que se desenvolve em dois planos. A primeira referência é a um *ethos* — vale dizer, um modo de orientação das condutas, das percepções, dos modos de pensar e agir enfim. E esse *ethos* é público, diz respeito ao complexo de valores que regem a conduta no mundo social e político nas suas relações com o mundo privado. Com essa referência em vista fica aberto o campo para ir ao núcleo temático do livro. Consiste este no exame crítico da tendência a tomar-se esse padrão cultural como uma referência "explicativa" básica para a identidade nacional brasileira. Isto significa que a análise concentra-se nas tentativas, presentes na literatura que examina, de demonstrar que nossa vida pública retira suas características próprias de certos condicionantes históricos da relação do mundo público com o mundo privado (a começar pela experiência escravista). De imediato, esse enquadramento permite operar com referências fortes. Primeiro, que a constituição de um espaço público no Brasil tende a ser visto pelo prisma da vida pública, vale dizer, das condutas e dos agentes. Depois, que as interpretações que seguem essa linha promovem um deslocamento da perspectiva da orientação das ações no plano dos valores para a da motivação afetiva no plano dos sentimentos. Finalmente, que isso abre o caminho para ver-se o espaço público como obstado em seu desenvolvimento próprio pela persistência de traços pré-modernos, que se alojam na imbricação entre vida pública e vida privada na forma de sentimentos, valores e condutas característicos.

    Não se encontrará neste livro, porém, um mero inventário de interpretações. É a índole crítica do texto que lhe dá consistência e originalidade, e isso pelo modo como a crítica é exercida. Aqui volta a referência às leituras cruzadas. A exposição não se limita a acompanhar tendências e autores passo a passo, enfileirando livros alheios como peças de boliche. Seu procedimento é incomparavelmente mais rico e fascinante. Trata-se de uma análise temática, que acompanha com minúcia a teia de motivos que vão fixando, no pensamento brasileiro sobre o Brasil, algo mais fundo do que alguns temas substantivos dominantes (a "incivilidade", o "personalismo" e assim por diante). Demonstra-se nela como, para além de temas e referências pontuais, vai ganhando corpo uma concepção peculiar da constituição do que se entende ser a identidade nacional. O traço básico desse modo de pensar consiste em buscar na dimensão cultural, tal como se traduz num modo especial de realizar a vida pública, a referência para atingir os fundamentos da questão.

É precisamente isso que Adrián Gurza Lavalle não aceita. Para ele a cultura faz parte do problema, não da explicação. O curto-circuito que a explicação culturalista promove consiste, em primeiro lugar, em desconhecer que o traçado de um elenco de temas não é da mesma ordem que a formulação do problema de explicação correspondente. Importa a forma como se tratam os temas, não a sua identificação. Do contrário cai-se naquilo que o autor seguidamente aponta na nossa melhor produção intelectual sobre as bases da vida pública no Brasil: revela-se singularmente difícil a transição dos temas, que exprimem inquietações, aos problemas, que remetem a explicações. Talvez se pudesse detectar nisso a contrapartida da difícil transição da experiência da vida pública para a organização objetiva do espaço público. Uma conseqüência importante disso é que uma parcela do próprio problema, a dimensão cultural, acaba emergindo como a explicação do conjunto. Uma tentativa de explicação que se revela circular: na busca daquilo que permita dar conta de certa configuração de idéias e ações, de um *ethos*, acaba-se reproduzindo a lógica desse mesmo *ethos*.

A exposição desse grande tema percorre um trajeto longo, às vezes sinuoso, como o objeto requer e o estilo exprime. Nada de retas cortantes, de movimentos abruptos. Gestos como esses não condiriam com a argúcia exigida, com a capacidade de cavar fundo e com paciência, para revelar o que de outro modo passaria despercebido, e muitas vezes é o principal.

Gabriel Cohn

ABERTURA

1

TUDO COMEÇOU COM UMA INTUIÇÃO de contornos pouco nítidos, suscitada pela leitura de um dos textos políticos mais notáveis entre aqueles que vieram à luz no Oitocentos: *O abolicionismo* — redigido na íntegra em Londres e editado em 1883. No intuito de justificar publicamente a missão política do Partido Abolicionista, e pautado pelo respeito aos princípios liberais, Joaquim Nabuco colocou-se na difícil situação de identificar a fonte genuína da autoridade que lhe permitia advogar em nome de outrem: de um lado, os valores universais conferiam dignidade a um discurso humanitário; mas, do outro, a atuação política requeria, por parte dos "representados", o conhecimento e a aceitação expressa desses valores e dos direitos deles derivados, assim como algum mecanismo de delegação — ainda que hipotético. A resposta é espantosa: "O mandato abolicionista é uma dupla delegação, inconsciente da parte dos que a fazem, mas, em ambos os casos, interpretada pelos que a aceitam como um mandato a que não se pode renunciar".

A figura de uma "delegação inconsciente", mediante a qual os escravos e seus filhos — os ingênuos — investiam de poderes irrenunciáveis os adeptos da causa abolicionista, sugeria a difícil relação entre a vida social e o embate público das idéias de um ângulo pouco comum; isto é, acusava não o "artificialismo" ou a conformidade com uma "cultura ornamental" — para empregar termos recriminatórios amplamente utilizados —, mas as enormes dificuldades da autenticidade. Mesmo para aqueles que, como Nabuco, defenderam a realização dos imperativos práticos inscritos nos ideais universalistas modernos no percurso do século XIX, a tarefa de demonstrar a legitimidade de suas propostas parecia obrigada a lançar mão de expedientes engenhosos para contornar o perverso paradoxo de falarem em nome de homens silenciados, sem opinião pública passível de mobilização para alicerçar qualquer processo de delegação de interesses; uma espécie de luta contra a banalização e a esterilidade dos valores igualitários, todavia, no plano do artifício e mediante a conciliação das idéias. Tratava-se de expressão, por certo irônica, dos obstáculos enfrentados por uma prática política comprometida com a emancipação e, no entanto, necessariamente desprovida de sustentação em uma vida pública ativa.

O enfezamento da vida pública foi amplamente destacado na história do pensamento político-social, mas a intuição surgida na leitura de Nabuco apontava para seus efeitos no plano da construção das idéias. Retrospectivamente, após meses de minuciosa revisão das grandes obras das primeiras décadas do século XX, tornou-se claro, de súbito, quanto essa intuição tinha permanecido latente no esforço da interpretação. Desta forma, o núcleo desta análise foi se especificando com vagar: a centralidade da vida pública no pensamento político-social como chave heurística para equacionar a configuração do espaço público no país.

Assim, a maior parte destas páginas transcorre por inteiro no nível do exame das idéias, dando tratamento pormenorizado ao surgimento e à lógica interna da caracterização mais difundida do espaço público no Brasil ao longo do século XX. Nessa parte, o estilo argumentativo quer evitar, na medida do possível, as facilidades concedidas pelo recurso da crítica externa. Afinal, se os problemas são uma criatura do cientista que "comete seu próprio crime", parece iludível, no processo da "investigação", não se posicionar a partir da ótica do *modus faciendi*. É claro que a arguta analogia policial de Einstein e Infeld encerra um paradoxo para as ciências sociais: nelas, a intenção de desvendar o "mistério" — os "crimes" de outrem — pratica seu próprio "crime". Mas a nova indagação compete ao leitor.

2

Na história do pensamento político-social há larga concordância em um ponto, a saber, a franca inadequação entre o conceito e a realidade. A revelia do objeto diante da idéia que visa a apreendê-lo não é monopólio exclusivo do espaço público e, embora tampouco seja um problema geral de cunho meramente epistemológico, na linhagem do pensamento moderno existem outros conceitos a produzir dissonâncias semelhantes quando introduzidos em contextos distintos daqueles que animaram sua definição. Democracia, cidadania ou espaço público, entre outras, são idéias nas quais aparecem condensados de forma indissolúvel fortes elementos descritivos e normativos: a presença dos primeiros — associações, sufrágio, opinião pública, partidos políticos, legislação, por exemplo — autoriza a aplicação dessas idéias em realidades muito dissímeis; entretanto, os componentes normativos — igualdade, liberdade, civilidade etc. — acusam de imediato o caráter "artificial" dessa operação ou a índole "disforme" do real, dependendo da postura assumida.

A questão é complexa, sabe-se de sobejo que não é possível fazer tábula rasa e pensar no vácuo para desenvolver conceitos "adequados"; ainda mais, sequer parece desejável renunciar ao conceito negligenciando os efeitos de suas exigências prescritivas e de sua inconformidade com um mundo que pode ser transformado. De outro lado, sob o alto contraste dos componentes normativos do conceito, corre-se o risco de obliterar a própria realidade, espantosamente infirmada como pura negação, como inexistência daquilo que deveria ser. Em diversas vertentes do pensamento político-social, as reflexões sobre a configuração do espaço público no país encontram-se perpassadas por tais tensões, e não raro esse espaço torna-se pálido símbolo "daquilo que poderia ter sido e não foi".[1] Explicitar a persistência dessas tensões dista muito de resolvê-las, pois representam traço constitutivo do itinerário intelectual nas nações periféricas; no entanto, contribui para identificar e controlar dificuldades presentes na caracterização do espaço público.

Esse primeiro passo é por certo insuficiente, permanecendo em pé a questão central, cuja análise parece mais proveitosa: que tipo de concepções do espaço público foi elaborado aqui, a despeito e em virtude das tensões assinaladas? Afinal, conforme já mencionado, resulta iludível trazer à memória o fato de inúmeros autores terem posto em xeque o próprio objeto desta análise — o espaço público moderno no Brasil e sua correspondente vida pública —, debruçando-se sobre as razões de sua inexistência ou de sua constituição sob a égide do privado, que, no limite, é uma forma pervertida de existência. É possível colher depoimentos e comentários indignados ao longo do Oitocentos, acusando deturpações na administração e salvaguarda da coisa pública, mas interessa, para os propósitos deste trabalho, a compreensão daquela que acabou por se tornar a interpretação mais difundida do espaço público ao longo do século XX, cuja consolidação se encontra estreitamente vinculada à literatura dos anos 30. Nos diagnósticos dessa interpretação, a rarefação da sociedade e a ampla gama de manifestações de privatismo protagonizam o elenco dos empecilhos profundos a obstarem a constituição de um espaço público efetivamente moderno.

Em conjunto, e para além do contexto intelectual do qual emergiram tais diagnósticos — cujo exame pormenorizado será efetuado mais adiante —, a nota distintiva do patriarcalismo, do familismo, do patrimonialismo, do personalismo, do agnatismo e da miríade de empecilhos privatistas consignados no pensamento político-social é seu papel decisivo na constituição da vida pública, assim reduzida a mero veículo de uma pré-modernidade pertinaz. A aparição recorrente, no pensamento político-social, de uma vida pública assim concebida poderia ser equacionada quer como manifestação de leituras da realidade datadas e definitivamente superadas, quer como legado de interpretações em maior ou menor medida verazes; no entanto, ambas as alternativas resultam insatisfatórias: no primeiro caso, porque essa forma de abordar a caracterização do espaço público continua a ser reproduzida ainda hoje e, no segundo, porque se toma por dado aquilo que deveria ser objeto de maiores indagações. Em vez de pressupor tal caracterização da vida pública como assente ou como superada no plano histórico ou analítico, parece mais produtivo problematizar seu destacado papel como expediente explicativo da configuração "ambígua" ou francamente "pré-moderna" do espaço público. Eis o eixo de análise aqui assumido.

A recorrência da vida pública aparece como problema posto pela literatura em vertente dupla: primeiro, no plano das idéias cabe exame nuançado de modo a reconstruir a especificidade dessa perspectiva de abordagem e entendimento do espaço público, ou seja, sua emergência, cristalização, reprodução e forma analítica de proceder; segundo, a centralidade da vida pública também pode ser explorada como fenômeno em que transparecem dilemas fundamentais da configuração do espaço público no país, e, nesse plano, trata-se de pôr de relevo algumas dificuldades históricas que não apenas dizem respeito ao pensamento político-social das primeiras décadas do século XX, senão aos desafios políticos e intelectuais suscitados a partir do momento em que a edificação do Estado-nação irrompeu na história dos outrora territórios coloniais. Se as mazelas da vida pública tornaram-se *leitmotiv* de inúmeras tentativas empenhadas em desvendar as razões do "atraso", do caráter "não-moderno" do espaço público, houve motivos de peso para isso: impossível não reconhecer, no registro dessas interpretações, a esteira da escravidão como pano de fundo de uma sociabilidade aviltada e incapaz, portanto, de animar qualquer expressão pública genuína.

Destarte, a ponderação da ausência de uma vida social favorável à implantação de normas de convivência civilizada, da primazia esmagadora dos interesses senhoriais na vida política, assim como da artificialidade do mundo das formas institucionais, jurídicas, políticas e ideológicas, aparece amiúde embasando diagnósticos acerca de um espaço público cuja especificidade é "não-ser" universal, abstrato e impessoal. Contudo, uma vez exposto o cenário geral, a análise apenas começou, pois a cabal compreensão do *ethos* público, como de qualquer complexo de idéias fixadas em textos, não pode se furtar a uma reconstrução minuciosa instalada no terreno da própria literatura. Cumpre esclarecer desde já que o *ethos* nem sempre aparece como tal nos textos dos autores a serem contemplados, e em todos os casos carece de densidade conceitual explicitamente construída; entretanto, a pertinência no uso dessa noção será documentada com abundância no percurso da argumentação.

3

"A peculiaridade da vida pública está em ser privada"; em conseqüência, o traço mais saliente do espaço público pareceria ser sua inexistência ou, com maior precisão, sua constituição sob a égide do privado — que é uma forma de existência perversa. Essa compreensão paradoxal da dimensão do público e, no entanto, tão natural e espontânea da nossa visão do mundo, não foi formulada nestas terras nem se referia ao Brasil, mas ao México agudamente esquadrinhado pelo olhar atento de Daniel Cosío Villegas.[2] Contudo, afirmação semelhante poderia ter vindo de algum dos textos que, no Brasil, ajudaram a construir ou a manter e ampliar certa tradição de análise sobre o espaço público a partir da "peculiaridade" da vida privada; isto é, enquanto *ethos* encravado na mais remota história do país, nas suas determinações culturais mais profundas, ora definindo as feições mais pujantes do caráter brasileiro e uma sociabilidade amenizadora das diferenças, ora condenando o que é ou deveria ser público ao personalismo, ao subdesenvolvimento e à asfixia diante da hipertrofia da vida privada, à amoralidade dos costumes, ao patrimonialismo, à incivilidade, ao familismo, à insolidariedade, à indistinção entre o público e o privado, ao clientelismo e à precarização dos direitos ou de qualquer arranjo de normas com pretensões de universalidade — para lembrar alguns termos comuns na caracterização do espaço público no Brasil, cristalizados em obras bem conhecidas como as de Gilberto Freyre, Sérgio Buarque de Holanda, Fernando de Azevedo e Nestor Duarte, mas também presentes de forma explícita em outros grandes autores do pensamento político-social brasileiro, como, por exemplo, Francisco Oliveira Vianna, Paulo Prado ou Manuel Bonfim.

Sem sombra de dúvida, há diversos autores e abordagens acerca do espaço público no país, cuja organização em modelos analíticos explícitos e razoavelmente compartilhados é pouco pertinente, se não inviável; todavia, as interpretações orientadas pela lógica do *ethos* público configuram influente tradição que, embora difusa, continua a animar diversas análises. De fato, as abordagens a partir do pressuposto implícito ou explícito do *ethos* público constituem a corrente de interpretação mais relevante na matéria — talvez a única que mereça com propriedade o substantivo "tradição". Com efeito, malgrado as diversas modernizações tecnológicas, econômicas e políticas que têm mudado a face do Brasil ao longo desse século, particularmente a partir dos anos 1930, a força de tal configuração cultural, isto é, de um espaço público vazado na fiel persistência de um passado de incivilidade incontida, na cultura política da dádiva, da tutela e do favor — isentas de qualquer vestígio de consciência cívica republicana —, na história lenta de um *ethos* "pré-moderno" — no qual os elementos constitutivos de um espaço público moderno estão dissociados ou quando muito perversamente entrelaçados —, mostra-se vigente até hoje, com matizes e força diferenciada, em análises de autores como José de Souza Martins, Vera da Silva Telles, Guillermo O'Donnell, Teresa Sales ou Marilena Chauí — dentre muitos outros que partilham em maior ou menor grau algumas das conjeturas subjacentes na idéia de um "*ethos*" diretor da vida pública. Entretanto, a coagulação desse *ethos*, que perpassa parte do pensamento político-social como algo implícito, corresponde à obra de Roberto DaMatta, cuja análise descritiva consagrou uma etnografia da sociabilidade brasileira — do "ser brasileiro" — amplamente difundida no país e no exterior.

Nas páginas que se seguem, o itinerário da exposição contempla vários momentos. Primeiro, assinala-se o lugar de privilégio ocupado pela vida pública no pensamento político-social do país; levantam-se algumas dificuldades históricas já frisadas na literatura acadêmica, cujas implicações para o espaço público motivaram definições em negativo; e mostra-se como a centralidade da vida pública pode ser compreendida em parte como resposta a essas dificuldades, para abrir passo ao tratamento pormenorizado da questão no plano do pensamento político-social.

A análise do *ethos* será realizada de forma reconstrutiva, também percorrendo distintos momentos: para começar, limita-se o escopo daquilo que aqui será abordado como um modo de caracterizar o espaço público e que, com o decorrer do tempo, se tornou cada vez mais difuso até perder quase por completo seus vínculos com as teses culturais da literatura dos anos 1930; depois, explora-se o surgimento de certos pressupostos indispensáveis para a consolidação do *ethos*, quais sejam, a emergência da cultura e da psicologia como registros de interpretação alternativos aos determinismos naturalistas, notadamente aos de índole racial; mais adiante, propõe-se uma leitura da montagem da *lógica do ethos* público a partir da variação de padrões de argumentação mais ou menos semelhantes, cuja formulação conquistou aceitação generalizada na década de 1930 e cujas versões mais influentes aparecem em obras já clássicas de Gilberto Freyre e Sérgio Buarque de Holanda. Cumpre antecipar, embora de forma breve, que por "lógica do *ethos*" entende-se aqui a dinâmica interna que articula o conjunto principal de argumentos presentes na caracterização do espaço público; o assunto será apresentado de modo pormenorizado no capítulo: "A rapsódia do *ethos* público". Por fim, também se analisa a reprodução atual da lógica do *ethos* como recurso explicativo *ad hoc*, utilizado até mesmo por autores críticos de qualquer discurso afirmativo acerca das características da brasilidade; desvenda-se a dinâmica cognitiva do *ethos* em termos de um obstáculo de pensamento para a melhor compreensão do espaço público; e aponta-se sucintamente para a possibilidade de lidar com a cultura, como dimensão relevante na configuração do espaço público, a partir de avanços instigantes produzidos no campo da crítica literária e das artes plásticas.

4

Este livro compreende — com diversas alterações — a parte intermediária da minha tese de doutoramento em Ciência Política, cuja realização teria sido literalmente impossível sem o apoio financeiro do CNPq, ao qual agradeço duas vezes, como membro de uma comunidade acadêmica e na minha condição de estrangeiro. Também agradeço a receptividade e o suporte do Departamento de Ciência Política da Universidade de São Paulo, e a atenção sempre solícita da equipe da secretaria.

O amadurecimento das idéias costuma ser vagaroso e incerto, e por isso cabe especial menção ao Programa de Formação de Quadros do CEBRAP, do qual participei durante dois anos; nele, longas conversas e discussões com colegas e pesquisadores me permitiram afinar a reflexão dos problemas aqui abordados. Tive a fortuna de contar em diversas ocasiões com as observações sempre agudas de Gabriel Cohn, a quem também agradeço pelas lições de humor e da sua extraordinária formação e integridade intelectuais. Nas diversas fases de sua realização, o trabalho também foi beneficiado por outras leituras e comentários generosos: as primeiras orientações cuidadosas foram de Maria Lígia Prado, que me forneceu as referências acadêmicas iniciais quando da minha chegada ao Brasil e participou da banca de qualificação; Evelina Dagnino, Gildo Marcial Brandão, Marco Aurélio Nogueira e o próprio Gabriel Cohn foram leitores e argüidores certeiros destas páginas quando da sua defesa pública. A todos eles sou muito grato. Tive a oportunidade de trabalhar com Lúcio Kowarick, não apenas como orientador, também como professor e como pesquisador. Por seu apoio e pela liberdade para perseguir algumas intuições que se cristalizaram neste livro lhe sou especialmente grato.

Houve amigos cujas contribuições decisivas viabilizaram e enriqueceram a experiência que se concluiu nestas páginas; gostaria de explicitar-lhes minha gratidão. O apoio e estímulo constantes de Cristina Laurell fizeram possível meu doutoramento no Brasil; minha compreensão de diferentes aspectos deste país foi se decantando ao sabor de longas conversas com Joaci Pereira Furtado, inestimável companheiro cuja paciência e sabedoria muito me ensinaram; a amizade também me obsequiou muitas lições na mente vivaz e extraordinariamente diversificada de Encarnación Moya Recio, leitora crítica a quem devo a correção de ambigüidades e erros; com Alexandre Tinoco cultivei a conspiração contra a renitência das idéias que escapam aos esforços para "domesticá-las"; a calorosa solidariedade de Omar Ribeiro Thomaz fez-se presente em sugestões que mostraram sua valia no andamento da tese. Além da paciência, do apoio cotidiano e dos conselhos oportunos, muitas foram as intervenções providenciais de Karin Matzkin; a ela, por outras razões silentes, dediquei este esforço. Ocioso insistir na minha total responsabilidade pelas insuficiências que o leitor possa detectar no trabalho.

I. AS DIFICULDADES DO ESPAÇO PÚBLICO NO BRASIL

1. ALGUMAS DISTINÇÕES

A ABORDAGEM DO ESPAÇO PÚBLICO pode ser realizada a partir de enfoques diversos, enfatizando ora aspectos da vida política, como as características do Estado, do funcionamento das instituições políticas e do exercício da própria política; ora condições da vida pública, como os efeitos da organização da sociedade civil e de segmentos sociais significativos ou o papel de certas instituições civis relevantes; ora problemas inscritos na dimensão da comunicação com sentido público, como os alcances da opinião pública ou os pressupostos legais e sociais desse tipo de comunicação — por exemplo, liberdade de expressão, no primeiro caso; índices de alfabetização, composição dos públicos, campos de influência social dos distintos veículos de comunicação, no segundo.

Sejam quais forem as perspectivas adotadas para encetar a análise do espaço público em determinado contexto nacional, seria de se esperar que os esforços por desentranhar as causas de sua configuração remetessem à ponderação de fatores pertencentes às diferentes dimensões; contudo, o traço que mais sobressai nas interpretações desse espaço no Brasil tem sido a centralidade outorgada à vida pública. Com efeito, a ausência de uma vida pública genuína é assunto denunciado pelo pensamento político-social desde o século XIX, e, a despeito de os enfoques disciplinares consolidados ao longo do século XX terem multiplicado diagnósticos pautados por critérios acadêmicos, é possível afirmar que a concepção mais influente do espaço público no país, cristalizada nas primeiras décadas dessa centúria, privilegiou e em certo sentido continua a privilegiar a caracterização de uma vida pública tolhida pela pertinácia do privatismo como fator que emperra a construção do espaço público moderno.

Equacionar uma abordagem da centralidade da vida pública como perspectiva privilegiada para diagnosticar a (de)formação do espaço público no Brasil impõe obstáculos difíceis de contornar, pelo menos em dois planos: respeitar e, por conseguinte, reconstruir analiticamente a historicidade do fenômeno que aqui interessa; e precisar o estatuto heurístico aqui conferido a determinada concepção da vida pública, isto é, articular de forma explícita a espinhosa relação entre idéias e realidade. Trabalha-se, aqui, com precauções analíticas em ambos os planos ao longo do livro todo; o sentido das distinções utilizadas nestas páginas ganhará densidade e contornos claros pela reiteração de um uso cuidadoso. Contudo, cabe agora explicitar algumas distinções centrais para iniciar o caminho. Primeiro, no que diz respeito ao plano da historicidade, o escopo temporal abarcado pela denominação "pensamento político-social" é demasiado amplo, e, é óbvio, o leque de autores e diagnósticos resulta diverso o suficiente para unificá-lo de modo artificial sob *uma* tradição. Delimitação mais precisa é aqui necessária: como será mostrado mais adiante, a concepção mais difundida do espaço público no país surge no ambiente intelectual da década de 1930, quando da extraordinária renovação do pensamento sob o signo de inédito repertório de abordagens antropológicas, psicológicas e sociológicas, cujos frutos são facilmente perceptíveis na proliferação de uma vaga de reinterpretações acerca da "formação do Brasil", assim como dos rumos mais prováveis e dos empecilhos a serem equacionados para "completar" o trânsito ao estatuto de sociedade moderna. Seria possível, então, remeter a análise a esse contexto e dispensar uma noção demasiado abrangente como a de "pensamento político-social"; contudo, a caracterização da vida pública foi investida de suas feições mais duradouras no marco de uma discussão maior, que orientou parte nada desprezível dos esforços intelectuais no Oitocentos e durante boa parte do Novecentos: a questão da identidade nacional.

Assim, a tarefa de historizar a concepção mais influente do espaço público, quer dizer, aquela que explica sua configuração a partir das mazelas e idiossincrasias da vida pública, torna-se, a rigor, subcapítulo de um dos grandes temas do pensamento político-social. Daí a pertinência da sua preservação como distinção analítica, entendido em acepção ampla como um pensamento que visa "explicar o Brasil", escapando do registro meramente político ou disciplinar. Raymundo Faoro elabora uma interessante definição do pensamento político como um saber informulado: "Ela, a política que não é filosofia, nem ciência, nem ideologia, que não se extrema na ação, nem se racionaliza na teoria, ocupa, na verdade, o espaço do que se chama pensamento político, não necessariamente formulável, não correntemente racionalizado em fórmulas".[1] No mesmo sentido, Michel Debrum introduz a diferença entre ideologia "primária" e ideologia "secundária": a primeira, como estratégia prática sem elaboração explícita, inerente à operação dos políticos na esfera política; a segunda, como guardiã da anterior, como seu reforço voltado para as justificativas universalizantes, quer dizer, para a especulação teórica.² Em ambos os autores, a distinção obedece à decisão de compreender e salientar a relevância — a primazia até — desse senso comum da prática política. Nestas páginas, todavia, a noção de *pensamento político-social* assume apenas o significado amplo de um pensamento não disciplinar e não rigorosamente político, isto é, refere-se à contribuição das idéias impressas, em obras de gêneros os mais diversos, para a consolidação de certos temas recorrentes no pensamento da história do Brasil. Conforme mencionado, o uso específico dessa noção adquirirá contornos mais claros no transcurso deste trabalho, pelo que convém reter as distinções recém-assinaladas. Cumpre mencionar que, por motivos a serem logo explicitados, o uso da denominação "pensamento político-social", neste capítulo, engloba apenas autores da primeira metade do século XX — salvo referência expressa.³

O nexo interno entre a recorrência da vida pública e o tema da identidade nacional, no pensamento político-social, não faz senão incrementar os problemas, particularmente em se tratando desse tema, crivado de anacronismos. Também neste caso, trata-se de nexo construído nos anos 1930, graças à extraordinária inovação própria desse momento: abandonaram-se, em definitivo, as chaves interpretativas naturalistas e desenvolveram-se releituras centradas na "formação" secular de valores morais, padrões de conduta, traços de caráter e tipos sociais característicos da "cultura nacional", do "ser brasileiro". No cerne dessa identidade aparecem conjugados diversos atributos que, quando projetados para o espaço público, assumem o estatuto de um *ethos* público — cujas feições, não raro, resultam bastante próximas de um *"pathos"*. Em termos clássicos, o *ethos* reenvia ao plano dos valores, enquanto o *pathos* remete ao plano dos afetos, apetências e emoções. O surpreendente, neste caso, é o fato de a nota distintiva do *"ethos* nacional" recair no registro tradicionalmente reservado ao *pathos*, o que se torna particularmente problemático quando esse *ethos* é deslocado para o espaço público por intermédio da vida pública.⁴

Porém a resolução desse primeiro plano de dificuldades e, de modo mais preciso, a análise da concepção da vida pública como regida por um *ethos* pré-moderno têm lugar reservado no itinerário deste livro. Por enquanto, convém adiar o exame nuançado da origem e lógica explicativa desse tipo de diagnóstico, permanecendo em condição de pressuposto o fato de serem muito difundidas e de existir uma racionalidade comum nas caracterizações que interpretam os déficits ou insuficiências históricas do espaço público pela presença de profundas deturpações na sua origem — de uma "marca de nascença", por assim dizer, cujos efeitos atingem diretamente a vida pública, cancelando no nascedouro as possibilidades de sua afirmação em moldes modernos.

Em segundo lugar, quanto ao estatuto heurístico da vida pública, assume-se aqui que sua centralidade no pensamento político-social vai além da mera coincidência de conclusões animadas pela convergência de enfoques — embora mudanças ocorridas nos referentes de conhecimento reputados internacionalmente como científicos tenham desempenhado papel central na construção dos discursos acerca da identidade nacional e, por conseguinte, ainda que de maneira indireta, na cristalização de novos registros para se pensar na vida e no espaço públicos. A importância analítica outorgada à vida pública também traduz, na forma de diagnósticos negativos, o problema de equacionar a especificidade histórica da gênese do espaço público no Brasil, ou seja, de determinar tanto seus traços constitutivos quanto as possibilidades de transformação, no longo prazo, inscritas nessa gênese. A partir de quando, no país, é possível assumir a existência desse espaço — instância própria das sociedades modernas — e quais suas características mais significativas e, em maior ou menor medida, perenes? A pergunta é uma das múltiplas versões daquela que talvez seja a interrogação mais permanente a espicaçar os pensadores das sociedades periféricas, edificadas sob o peso secular de legados coloniais: qual o caminho e o momento de realização da modernidade?[5]

A relevância de temas como a gênese e os conteúdos constitutivos do fulcro da identidade nacional, dos quais a vida pública foi no Brasil assunto subsidiário, apenas pode ser compreendida cabalmente nesse registro; isto é, trata-se de indagação animada por preocupações "civilizadoras". Por isso, o trabalho simultâneo de inventariar e inventar a nação constitui, a um só tempo, reconstrução historiográfica e aposta sobre o "sentido da história nacional". Na definição desse sentido, diferentemente da maioria dos países latino-americanos, foi preciso lidar aqui não apenas com o vinco da exploração colonial, mas com as terríveis conseqüências geradas pela continuidade da escravidão. Eis o ponto nevrálgico: a recorrente preocupação com a vida pública no pensamento político-social expressa, precisamente, percepção amplamente compartilhada segundo a qual a chave do caráter pervertido do espaço público tem de ser buscada fora desse espaço, no âmago de uma vida privada incapaz de alimentar quaisquer manifestações públicas genuínas porque edificada sobre a exploração do trabalho compulsório. A precariedade da vida pública, corrompida pela incivilidade de uma vida social fundada na escravidão, constituiria, assim, o empecilho fundamental da configuração originária do espaço público no país.

As páginas que se seguem, nesta e nas próximas três seções, permitirão mostrar algumas dificuldades históricas para se pensar na gênese do espaço público no Brasil e como tais dificuldades contribuem para a compreensão da recorrência da vida pública no pensamento político-social. É claro que para avaliar de forma satisfatória as dificuldades postas pela história seria preciso engolfar-se em minuciosa reconstrução historiográfica, e, mesmo restringida às principais fontes secundárias, a tarefa assumiria dimensões colossais. Para além das proporções de semelhante propósito, sua natureza escapa de longe às aptidões deste trabalho. Contudo, e embora muito gerais, algumas observações permitirão levantar questões — apenas isso — para problematizar a configuração do espaço público da perspectiva das dificuldades para equacionar sua origem, visto que a preponderância analítica da vida pública constitui uma resposta diante de tais dificuldades. Cabe frisar que o pensamento político-social, a concepção mais influente do espaço público e a crítica de algumas das questões a serem agora abordadas receberão tratamento detalhado e historicamente contextualizado no exame do *ethos* público. Por enquanto, trata-se de salientar grandes problemas, e, por motivos de facilidade, a análise permanecerá presa a uma leitura "estática", por assim dizer, na qual os autores invocados respondem a critérios que serão iluminados no decorrer do trabalho.

2. OS PÚBLICOS DE AUDITORES E A "RAZÃO ROMÂNTICA"

Preservando como pano de fundo a conjugação das principais condições históricas subjacentes à emergência do espaço público moderno, desponta de forma contrastante um conjunto de características para as quais seria difícil não atentar em qualquer ensejo de reconstrução da origem desse espaço no país. Imerso nos processos seculares de alastramento do mercado e da autonomização do social, o espaço público moderno surgiu, quanto à vida política, no seio de Estados-nação previamente consolidados sob a égide do absolutismo e, ademais, contou com arcabouços institucionais de exercício e regulação da própria política; no terreno da comunicação pública, a nota distintiva foi a consolidação da liberdade de imprensa e a progressiva constituição e uma sociedade letrada, que deitou raízes em virtude da célere evolução dos índices de alfabetização e, sobretudo, do alastramento do hábito social da leitura e da crítica informada pelas letras impressas — crítica cuja máxima expressão permaneceu consagrada na legitimidade social e política da opinião pública —; por fim, a emergência da vida pública exprimiu a consolidação de uma vasta parcela social a um tempo independente do poder e do exercício direto da dominação econômica, cuja auto-organização acabou por colocar em xeque o domínio político, conferindo-lhe feições modernas — o princípio da publicidade e da legitimidade social do poder. A eventual confluência de tais condições apenas poderia ser cogitada, aqui, a partir do final do século XIX; ainda assim, é sumamente controverso aceitar sua cabal realização ao longo da Primeira República. Seja como for, os contrastes sugeridos por essas condições permitem abordar alguns problemas que, em maior ou menor grau, apontam para as dificuldades enfrentadas pelo pensamento político-social quando colocado diante da tarefa de equacionar a especificidade do espaço público. Os fatores de maior peso para a centralidade da vida pública correspondem aos efeitos do regime de trabalho servil e aos descompassos da relação entre o Estado e a sociedade, mas convém aproveitar o ensejo para explorar certos aspectos da difusão pública das idéias.

No plano da circulação pública das idéias, apenas é preciso recordar que por meio das Provisões e Cartas Régias se proibiu a impressão de qualquer material na colônia — inclusive os de cunho religioso. Assim, ao longo dos séculos XVII e XVIII, provinham das imprensas lisboetas as publicações que contavam com a vênia e censura do soberano, da Igreja e da Inquisição para serem introduzidas nos territórios ultramarinos — mesmo no caso raro de livro escrito acerca da e na colônia, como *Cultura e opulência do Brasil por suas drogas e minas*, do padre André João Antonil.[6] Em conseqüência, enquanto o fervilhar das idéias era signo distintivo setecentista dos países europeus que ocupam a posição de modelo nas grandes reconstruções do espaço público, aqui havia duas alternativas: conformar-se com a parca circulação de idéias e informações adequadas aos interesses da Coroa, ou recorrer ao contrabando, que, conforme registrado nos autos da época, se tornou prática cada vez mais comum de certos segmentos da elite.[7] Ambas as alternativas ampliaram seus horizontes com o traslado da família real e com a abertura dos portos, mas, ainda assim, no primeiro quartel do século XIX a imprensa áulica e seu repertório restrito de temas e documentos oficiais era a única fonte de informação autorizada; por sua vez, se os grandes documentos políticos do momento e a literatura ilustrada tornaram-se mais acessíveis pela abertura dos portos, sua leitura e posse continuou a ser tipificada como ousadia de lesa-majestade. Tal panorama só mudara após 1822, e, embora os primórdios da imprensa independente estivessem crivados de episódios de repressão, sem dúvida tratou-se de conseqüências e retaliações políticas do *debate público* das idéias — cujo pressuposto é a incidência sobre as camadas sociais "aptas" para a formação de opinião.[8] Sem dúvida, essas camadas eram bastante reduzidas, e isso traz à tona mais uma especificidade contrastante quanto à gênese do espaço público, particularmente no que diz respeito à consolidação e ampliação do campo próprio da literatura, à propagação do hábito social da leitura e à prática das discussões literárias em público enquanto antecedentes do processo de definição de uma opinião pública de caráter político.

A conexão entre a emergência de uma nova literatura simbolizada pelos romances epistolares e intimistas, e de um público de espectadores e sobretudo de leitores confiantes em sua função crítica, de um lado, e a difusão do julgamento social do poder a partir de critérios não subordinados à lógica da política, do outro, tem sido frisada de perspectivas distintas pelas grandes análises do espaço público. No Brasil, o nexo entre literatura e política estabeleceu-se de modo muito diferente. O escopo temporal é menos antigo, remontando às primeiras décadas do século XIX, nas quais proliferaram tanto manifestações literárias dirigidas a públicos razoavelmente regulares quanto associações político-culturais imbuídas de ideais patrióticos e civilizadores — em presuntiva consonância com as referências disponíveis do pensamento iluminista.[9] A sintonia de tais associações com os rumos gerais da história européia deve ter parecido tão evidente, pelo menos até o desfecho imperial da independência, que Hipólito José da Costa escreveu no seu periódico londrino *Correio Braziliense*: "[as sociedades particulares] correspondem a uma necessidade de organização social, — pois a marcha da civilização está ligada à diferenciação social — e condicionam o próprio funcionamento do Estado, ao se interporem entre eles [sic] e os indivíduos, cujas atividades definem e coordenam".[10] Nessa passagem, é notável a cristalização ideológica do processo histórico de consolidação da sociedade civil, a cuja opinião e associações autônomas é conferido, além do estatuto de materialização civilizadora, o papel de intermediação social perante o Estado. Deixando à parte a composição social da sociedade oitocentista, marcada precisamente pelo caráter engessado da "diferenciação social" e pela raquítica "organização social" — questões a serem retomadas no último item desta seção —, cabe salientar que, a despeito do paralelismo promissor de Hipólito da Costa, o romantismo se encarregaria de mostrar a premência da estruturação simbólica e política do Estado-nação como problema emanado da independência. Assim, o vínculo mais significativo entre política e literatura assumiu aqui conotações diferentes e quase inversas às da "razão letrada" do iluminismo. O romantismo não postulou a razão e a crítica como princípios de identidade social contra o poder, mas colocou diante de si uma "missão patriótica" — decerto consoante com os desafios simbólicos da consolidação política e territorial do Estado —: desenvolver uma autêntica literatura nacional e desvendar o caráter da própria identidade nacional.[11] Como contrapartida, a vocação modernizadora implícita no nexo entre a missão literária e a construção do Estado nacional outorgou boa parte de sua especificidade ao romantismo brasileiro. É irônico e surpreendentemente elucidativo o fato de esse movimento ter expressado, na Europa, uma reação antimoderna ao universalismo racional ilustrado, enquanto no Brasil se tornou, a um tempo, registro emotivo dominante do pensamento modernizador comprometido com os desafios "civilizatórios" do Estado, e arauto da "autenticidade nacional" diante do legado luso.[12]

Quanto à propagação do hábito social da leitura, basta mencionar algumas cifras eloqüentes, que não apenas vão ao encontro das restrições à imprensa sumariadas acima, mas reforçam-nas ao apontar para a ausência de condições favoráveis à circulação ampla das idéias escritas. Nos primeiros anos da década de 1790, o Rio de Janeiro contava com uma só livraria, chegando a duas em 1799, quatro entre 1807 e 1817, e oito em 1821; a Biblioteca Real abriu suas portas ao público só em 1814, e nas outras cidades coloniais a situação era semelhante, apenas atenuada pela existência de acervos nos mosteiros e em algumas casas de particulares.[13] Enquanto na França e na Inglaterra atingiram-se porcentagens de alfabetização superiores a 90% ao longo do século XIX, no Brasil o acesso à leitura permaneceu como marca de classe: a população letrada na última década dessa centúria não era maior de 16%.[14] Assim, à rarefeita atmosfera do ambiente literário, nutrido por escassas edições de livros, gazetas, revistas, periódicos, boletins e cópias volantes, é preciso adicionar os minúsculos estímulos do consumo para a comercialização de materiais impressos e o caráter sumamente restrito de uma opinião pública letrada, imersa em um oceano de analfabetismo. Porém, perante os estreitos alcances das letras impressas, outras foram as instâncias de difusão das idéias e dos acontecimentos, e outras as feições da escrita, dos gêneros jornalístico e literário, e dos escritores — esses últimos acompanhados por elenco de personagens sociais cuja função era comunicar mediante a fala: oradores, conferencistas, recitadores e pregadores. Nas palavras de Antonio Candido:

> [...] formou-se, dispensando o intermédio da página impressa, um público de auditores, muito maior do que se dependesse dela e favorecendo, ou mesmo requerendo no escritor certas características de facilidade e ênfase, certo ritmo oratório [...] o homem de letras foi aceito como cidadão, disposto a *falar* aos grupos [...].[15]

Destarte, além do bulício discreto das reduzidas ligas, agrupações político-culturais e sociedades secretas como as lojas — aliás, aqui também vinculadas ao poder como atestado nada mais nada menos que pelo maçônico príncipe regente dom Pedro ou Guatimozin, conforme seu pseudônimo pleno de ressonâncias românticas[16] —; além da urdidura pouco ajustada dos cafés, saraus e outros lugares e eventos freqüentados pelo setores sociais letrados; multiplicaram-se aqui os expedientes rotineiros mediante os quais se veiculavam, para públicos mais amplos regidos pela oralidade, as idéias processadas nos modestos confins da "república das letras".

Os efeitos coetâneos dessa oralidade constituem um filão de análise instigante para se pensar na gênese do espaço público. Alguns autores, indo mais longe, reputam-nos responsáveis por influências de longo prazo: quer pelas feições mais características da literatura brasileira, que sempre estaria disposta a suavizar o esforço da compreensão oralizando a prosa; quer pelo suposto teor dependente e autoritário de uma cultura auditiva, inerentemente superficial, intuitiva, de memória curta e, por isso mesmo, presa fácil dos efeitos em demérito do raciocínio; quer pela simbiose entre a cultura "culta" ou restrita e a cultura comercial ou ampliada — simbiose expressa de maneira nítida na tradicional fusão das figuras do jornalista e do literato, que antecipou em décadas os traços híbridos presentes na origem da indústria cultural e dos meios de comunicação de massas.[17]

À margem de hipóteses arrojadas como as duas primeiras, não se precisa grande argúcia para perceber que o advento da era do rádio e suas misteriosas ondas hertzianas, exploradas exaustivamente pelo Estado getulista, encontrou as bases de sua recepção social em públicos compostos em boa medida por analfabetos. Se, de um lado, a transmissão massificada e de longa distância — pela já mítica Rádio Nacional — permitiu estender as repercussões da comunicação pública, entretecendo o imaginário de públicos amplos pela construção de sentidos que "[...] cruzando o espaço azul vão reunindo corações do norte e do sul";[18] do outro, a lógica da mensagem radial deve ter reforçado o caráter ágrafo dos públicos de auditores, embora tenha promovido os processos de formação de opinião a uma "oralidade de segunda ordem", por assim dizer. Esse quadro, por sinal, mudou apenas lentamente, não só porque os índices de analfabetismo continuaram superiores a 50% até meados do século, mas também porque o império da imagem televisiva, esparsa e intimista, se comparada com as projeções nas telas do cinema, só conquistou posição de rivalidade no último quartel do século; isto é, mais de duas décadas após a primeira emissão de TV (1950).[19]

3. O "DIVÓRCIO" ENTRE A SOCIEDADE E O ESTADO

Outros tipos de contrastes de maior envergadura quanto à configuração do espaço público, que não as condições oitocentistas da comunicação pública, exercem especial atenção sobre o pensamento político-social, a saber, as características "atípicas" da articulação do binômio moderno Estado/sociedade. Não se trata de preferência estranha ou inexplicável, pois, de fato, a emergência do Estado nacional e da autonomia do social antecede histórica e logicamente o desenvolvimento das instituições civis da opinião pública e constitui sua condição de possibilidade. Interessa abordar esse binômio a partir da problemática da consolidação política do Estado e da construção e sua coincidência simbólica e política com a "nação", tendo em vista que a centralidade da vida pública decorre simultaneamente da reiterada postulação dos descompassos ou da "desarmonia histórica" de ambos os pólos e da caracterização das conseqüências do trabalho compulsório para a vida social. Por razões óbvias, a delimitação temporal não poderia remontar à transição dos séculos XVII e XVIII, segundo a periodização corrente nas análises da gênese do espaço público moderno, sendo bem conhecido que a organização política do Estado e a edificação nacional foram, por excelência, o desafio político e intelectual do Oitocentos no país — como de resto no conjunto da América Latina. A "tardia" edificação do Estado e o vigor dos poderes regionais a obstarem o processo de centralização política levantam sérias dificuldades para se pensar na origem do espaço público no país, se levado em consideração o pressuposto da consolidação do Estado nacional. A isso é preciso aunar as formidáveis tensões e defasagens entre as questões nacional e do Estado: a continuidade da estrutura econômica colonial e, por conseguinte, do regime de trabalho compulsório põe em xeque o caráter vinculante das instituições políticas ao longo do século XIX e aponta para o conflito entre as tarefas da integração social — nação — e os imperativos do ordenamento político estável — Estado.

O primeiro dos aspectos recém-enunciados, ou seja, a impossibilidade de admitir a efetiva existência do Estado-nação como um dado do século XIX, foi ponto cego para boa parte do pensamento político-social. Já o segundo aspecto introduz a relação Estado/sociedade, e a esse respeito há interpretações consagradas com posturas muito divergentes, irreconciliáveis até, cujos diagnósticos são passíveis de sistematização como oscilando entre dois extremos: ora conferindo primazia inconteste ao pólo da sociedade ou do privado, vigoroso ante a impotência de um poder público "sumítico" — para dizê-lo com Gilberto Freyre —; ora outorgando superioridade ao pólo do Estado ou de sua burocracia, que exerceriam sua força infrene perante a fraqueza e desorganização da sociedade.[20] A rigor, tal dualismo opera no plano heurístico como uma dicotomia capaz de informar leituras abrangentes acerca de problemas os mais variados: de um lado, o "Brasil real" com seus múltiplos desdobramentos ruralistas, servis, patriarcais, centrífugos, latifundiários, familistas, oligárquicos, privatistas e clientelistas; do outro, o "Brasil legal" ou "oficial", munido por uma miríade de atributos via de regra opostos — urbano, centralizador, industrioso, individualista, impessoal, racionalizador e, não raro, artificial e autoritário.[21]

É claro que, em decorrência do contexto histórico e do autor considerado, ambos os pólos têm sido revestidos de ponderações positivas ou negativas, como atestado de modo exemplar pelo pensamento de Sérgio Buarque de Holanda, em comparação com o de Freyre quanto aos efeitos do legado rural e patriarcal; ou pela obra de Francisco de Oliveira Vianna, se comparada com as teses críticas de Raymundo Faoro com respeito ao papel histórico do Estado — ou do estamento burocrático, para utilizar os termos do autor. Difícil não lembrar, a esse respeito, que Buarque de Holanda lançou mão de alegoria das mais clássicas possíveis para figurar o sentido radical da contraposição Estado/sociedade e o caráter trágico do compromisso civilizador do primeiro: o conflito entre Antígona e Creonte.[22] Em poucas palavras, malgrado as crises ocasionadas por sua intervenção racionalizadora, o Estado é apresentado pelo autor como transcendência incumbida de abolir a ordem familiar, cujos princípios são por definição incompatíveis com qualquer forma de ordenamento geral e abstrato da sociedade. Assim, as conotações positivas ou negativas, inerentes à postulação da preponderância do Estado ou da sociedade segundo a concepção dos diferentes autores, não raro investem ambos os termos de atributos perenes, cuja renitência definiria, precisamente, o perfil da sociedade ou do Estado, segundo o caso: vitalidade e plasticidade, ou particularismo e insolidariedade sociais; autoritarismo e patrimonialismo, ou racionalidade e organicidade estatais — para citar apenas alguns atributos facilmente reconhecíveis.

Não é o propósito reputar plausível alguma das teses empenhadas em explorar a primazia do pólo social sobre o estatal, ou vice-versa; hoje é crescente a percepção de que tais aproximações unilaterais distraem a atenção do problema mais importante, qual seja, a especificidade da trama de mediações a vincular e separar ambos os pólos, decerto bastante complexa e cuja cabal compreensão não admite oposições em termos de ganhos e perdas de soma zero. Entrementes, pareceria descabido atribuir semelhantes divergências tão-somente a mudanças de contexto ou à filiação autoral a distintas linhagens conceituais e políticas; antes, a afirmação dos pólos desse dualismo também espelha dificuldades impostas pela própria história do país. A enorme continuidade da estruturação colonial da vida econômica e social pelo século XIX adentro, aliada às mudanças na ordem das instituições políticas, levanta o problema de um descompasso histórico a ser equacionado pela reflexão, problema cuja fórmula mais acabada no pensamento político-social pode ser expressa, de maneira sintética, como o pressuposto do "descolamento" entre a sociedade e o Estado.[23] Com efeito, francas discrepâncias e divergências de matiz convergem para o consenso quanto ao "divórcio" entre ambos os termos — seja porque a inexistência de uma opinião pública organizada e permanente travou a salutar sintonia entre a vida social e política, ao modo do parlamento inglês cuja sensibilidade tanto maravilhou a Oliveira Vianna, pois "[...] semelhava o synchronismo de uma agulha de sismógrapho"; seja porque da coagulação secular do estamento burocrático resulta "[...] que a nação e o Estado se cindem em realidades diversas, estranhas, opostas, que mutuamente se desconhecem", como sustentado com prolixidade por Faoro; ou ainda porque, no extremo oposto, a família patriarcal forneceu o único e obrigatório modelo de organização das relações sociais, inclusive das de cunho político, emperrando o funcionamento abstrato e universalista do Estado e de suas instituições, conforme argumentado com nuanças e conseqüências diversas por Freyre e Sérgio Buarque.[24]

Tal convergência no pensamento político-social teve efeitos duradouros no entendimento dos fenômenos sociopolíticos e constitui, sem dúvida, referência particularmente relevante no que tange à caracterização do espaço público, pois em última análise trata-se de elaborar uma interpretação genética desse espaço — por definição intermediário entre a sociedade e o Estado — em contexto nacional onde o binômio fora concebido a partir do pressuposto de seu desacoplamento. Se a vitalidade e solidez das instituições democráticas reclama um intrincado jogo de pressões e freios, a assimetria entre a sociedade e o Estado animará diagnósticos a apontar para a vida pública, quer como a "maromba" capaz de estabelecer o equilíbrio, quer como ausência ocasionada pelos traços mais arraigados da ordem social. Eis uma das vias que conduzem à centralidade da vida pública. Todavia, a implicação de maior importância está um passo adiante e diz respeito à concepção mais difundida do espaço público nos três últimos quartéis do século XX. A caracterização da vida pública como se estivesse regida por um *ethos* tipicamente nacional, enquanto chave explicativa da configuração do espaço público, contou de forma invariável com o concurso de autores que não apenas firmaram a cisão entre a sociedade e o Estado, esquadrinhando seus efeitos, mas também postularam o predomínio esmagador do particularismo da vida social sobre a vida política; isto é, encontravam-se posicionados no mesmo pólo do dualismo examinado acima. Não é uma coincidência fortuita, pelo contrário, a centralidade da vida pública decorre, precisamente, da primazia outorgada ao pólo privado enquanto modelo de ordenamento do conjunto das relações sociais, inclusive as de índole política. Assim, o pressuposto do desacoplamento entre a sociedade e o Estado e o eventual privilégio analítico da vida social e, indiretamente, da vida pública constituem uma saída possível no plano da interpretação para dificuldades colocadas no terreno da história.

Embora hoje seja possível historizar e elaborar com maior precisão os contornos dessas dificuldades, graças à vertiginosa acumulação do conhecimento acadêmico, os vínculos entre Estado e sociedade, democracia e cidadania, governabilidade e governança, economia e integração social, entre outros, aparecem no elenco das principais preocupações intelectuais, exigindo novas reformulações dos descompassos não superados ao longo do século XX. Foi mencionado que um primeiro aspecto se impunha por seu próprio peso, a saber, a tardia e difícil edificação do Estado nacional. Que o horizonte histórico da construção do Estado-nação foi inaugurado com a extinção formal da situação colonial — antecedida pela abertura dos portos e pelo traslado da família real — é fato óbvio; entretanto, a proclamação da independência está longe de ser divisor de águas que de súbito improvisou tanto a nação quanto seu ordenamento político. Como será visto no seguinte capítulo, é pressuposto comum em diferentes vertentes do pensamento político-social, dos séculos XIX e XX, a existência da entidade "Brasil" ao longo do período colonial e até, nos casos mais extremos, desde o momento em que a expedição de Pedro Álvares Cabral desembarcara nestas terras. Enquadrada dentro de parâmetros acadêmicos, a historiografia ressalvou-se perante tais excessos, mas por vezes preservou a idéia de unidade territorial, a partir do século XVIII, e da constituição da nação no XIX.[25] Na verdade, no percurso de boa parte do século XIX o Estado é projeto em disputa, mais do que realidade constituída; o cenário é dominado pela articulação das elites escravagistas em torno da Corte, criando pretensões de unificação política dos antigos *territórios* coloniais.[26] A vastidão desses *territórios* e os sólidos interesses regionais neles arraigados, cujo denominador comum era a preservação do regime de trabalho forçado, dificultaram a tarefa de consolidar a identidade entre o princípio da soberania política e o espaço geográfico no qual ela deve ser efetivamente exercida. Além do mais, tal coincidência também reclamava a invenção de um componente simbólico de vagarosa decantação: o pressuposto moderno, por sinal sempre anacrônico, de o território e o poder exprimirem uma unidade "natural" atrelada a um fundo comum primigênio: a identidade nacional.[27]

Na medida em que a "identidade nacional" implica a existência de vínculos morais e a adesão a um sentido histórico herdado e voluntariamente compartilhado, ela traz à tona o segundo aspecto já salientado, de extraordinária relevância no que diz respeito à difícil relação entre as problemáticas do Estado e da nação — cuja "coincidência" ou "conciliação" aparecem como pressupostos dos modernos Estados nacionais. À margem da violência largamente exercida para construir a identidade entre o Estado e a nação, não há dúvida quanto ao papel desempenhado pelo progressivo alargamento da cidadania como pedra angular que viabilizou o nexo entre subordinação e incorporação em comunidades políticas estatalmente organizadas.[28] No Brasil, as tensões e os descompassos históricos entre o desafio da construção de uma ordem política — sintetizada na cristalização do Estado — e a questão nacional ou da integração social revelaram-se praticamente incontornáveis. A distância entre ambos os termos manteve proporções abissais, a ponto de tornar impronunciável sua causa. Os românticos, que encetaram a busca da identidade nacional, exacerbaram as cores rutilantes, a prodigalidade da natureza e o indianismo como componentes remotos de um passado comum imaginário, cobriram de silêncio o fato mais gritante da realidade local: a escravidão.[29] Após a independência, a consolidação da ordem política pôs em primeiro plano os interesses dos grupos regionais e sua disputa por definir um arcabouço institucional que, a um tempo, preservasse sua autonomia e garantisse a reposição do trabalho compulsório; por conseguinte, a representação simbólica do nacional e o eventual caráter integrador das instituições políticas foram esvaziados de efetividade diante de uma realidade social esgarçada.

Com o advento da Primeira República, o dilema foi reeditado, e, mais uma vez, o desafio da consolidação e continuidade das novas instituições ocupou posição de privilégio, cancelando a possibilidade da integração social pela efetivação da cidadania política. "O problema central a ser resolvido pelo novo regime era a organização de outro pacto de poder, que pudesse substituir o arranjo imperial com grau suficiente de estabilidade."[30] Ainda mais, a centralização política do poder foi processo repleto de vicissitudes e conflitos, cujo desfecho mais definitivo em favor das instituições centrais só ocorreu após a revolução de 1930, definindo nova *matriz* para o Estado e, por conseguinte, para a configuração do espaço público.[31] No plano da integração ou da institucionalização política de interesses populares, há razoável consenso na literatura acerca das mudanças acarretadas para a configuração do espaço público pelo Estado getulista, que mediante a instauração do corporativismo, a regulação das profissões e a legislação social "[...] forneceu as bases institucionais para um novo padrão de regulação público/privado, que diferiu fundamentalmente das relações prévias fundadas na visão do público como mera extensão do privado".[32] Também é amplamente sabido que o reconhecimento/concessão dos direitos sociais assumiu feições de uma gigantesca empreitada de integração social nacional, mais do que de uma regulação do mercado em decorrência das pressões de atores organizados conforme os princípios democráticos liberais.

Assim, pela primeira vez as questões da ordem política e da integração social apareciam conciliadas, enquanto a identidade entre o Estado e a nação encontrava suporte simbólico férreo e verossímil na figura do presidente Vargas.[33] Também o espaço público fora ampliado em conexão direta com mecanismos de participação e organização da sociedade, mas tudo isso ocorreu nos moldes funcionais de uma representação corporativa de interesses e em contexto de vulnerabilidade das instituições da democracia, o que incidiu profundamente na configuração do espaço público. Se no modelo liberal desse espaço a vida pública é a expressão máxima da autonomia do social, na experiência corporativa ela tornou-se prolongamento do Estado limitada a veicular demandas por meio de organizações previamente reconhecidas na lei, mais como manifestação tipificada de encargos técnico-burocráticos do que como exercício do dissenso político ou da formação social de opinião. Sem sombra de dúvida, o espaço público foi alargado em distintas direções: a mídia fez incursão definitiva na vida política por intermédio do rádio e, em menor medida, das imagens fílmicas, incorporando as massas e em especial o trabalhador em uma interlocução simbólica com o poder; o aparato estatal cresceu, estenderam-se as fronteiras da intervenção pública e consagraram-se dispositivos institucionais de canalização de reclamos e de reivindicação legítima — desde que circunscrita ao arcabouço institucional e aos temas reconhecidos pelo Estado —; por fim, a cidadania avançou pelo flanco econômico, isto é, não vinculada à pertença a uma comunidade política nacional, senão ao estatuto do indivíduo como trabalhador — mesmo assim, inaugurou-se uma via para a dignificação política e social das camadas populares.

A contrapartida da ampliação do espaço público nesses moldes veio simbolizada por um conjunto de restrições, de "cláusulas de exclusão" a balizarem em nova geografia os limites entre demandas legítimas e ilegítimas, ordem e desordem, organização positiva dos interesses sociais e mera sedição, direitos sociais e políticos, público e privado. Por outras palavras, o jogo do reconhecimento político e sua cristalização mediante o direito viu-se seriamente limitado por diversos fatores: sua efetivação condicionada à subordinação política dos setores incorporados; seu caráter restritivo e outorgado porque baseado no critério do *mérito* e não da universalização dos direitos de cidadania política — quer dizer, tratou-se de um reconhecimento extensivo às ocupações profissionais consagradas na lei —; sem esquecer, é claro, que na nova *matriz* dos interesses passíveis de reconhecimento não houve espaço para os trabalhadores rurais, ou seja, a expansão da *cidadania regulada* não transpôs o umbral da propriedade rural.[34] A ambiguidade dos avanços e restrições que perfazem o saldo desse período foi sintetizada por Florestan Fernandes, atualizando o velho dilema: "O Estado ficou divorciado da nação, senão em bloco, o que seria impossível, pelo menos em diversos setores, de importância vital para a existência e a sobrevivência do Brasil como comunidade política".³⁵ Os déficits da vida política continuaram a ser tematizados de maneira profusa ao longo da segunda metade do século XX, e com razão, ainda que por vezes em termos plenos de reminiscências oitocentistas: "o Brasil ainda não é propriamente uma nação [...]".³⁶ Parece difícil não reparar na surpreendente vitalidade do pressuposto do desacoplamento entre a sociedade e o Estado, cujas conseqüências analíticas subjazem à recorrência da vida pública no pensamento político-social.

4. A "AUSÊNCIA DE POVO"

A cisão entre a sociedade e o Estado não é, todavia, a principal fonte da centralidade da vida pública no pensamento político-social, embora guarde estreitos nexos com ela. Trata-se da composição da própria sociedade, de uma vida social incapaz de engendrar uma vida pública vigorosa. Qualquer consideração em torno das eventuais virtudes da vida social empalideceria se entrasse em cena a escravidão, cujos efeitos econômicos, políticos e culturais tornaram-se ponto obrigatório no itinerário do pensamento político-social — pelo menos desde o momento em que o silêncio dos românticos cedeu à emergência da literatura abolicionista, à crítica do Segundo Império e à propagação das explicações "científicas" animadas pelo ideário positivista.

Embora gritante, o contraste com a experiência européia não prestaria qualquer serviço heurístico se reduzido à simples constatação do óbvio: a inexistência de escravismo. A exclusão das camadas populares majoritárias, dos segmentos plebeus e seu "pendor irracional" pelas revoltas foi condição histórica que viabilizou a cristalização da opinião e do espaço público modernos na Europa. A homogeneidade de interesses da sociedade civil burguesa cimentou uma sociabilidade em público capaz de erigir consensos mediante o diálogo entre iguais — consensos por isso percebidos como ancorados apenas no "bom entendimento" e no apelo ao princípio universal da razão. Apesar de a coincidência entre as figuras do livre proprietário, do cidadão e do homem ser ilusória, a origem de classe do espaço público não definiu nenhum critério funcional de exclusão; pelo contrário, a ficção de tal coincidência permitiu seu paulatino alargamento, até o ponto de torná-lo irreconhecível se comparado com sua fisionomia inicial. Isso foi possível, é claro, graças à preservação e à conflituosa exploração política de seus princípios modernos universalistas.

Destarte, se na prática o espaço público moderno nasce marcado pela projeção política dos interesses da sociedade civil burguesa e pela exclusão das camadas plebéias, tais interesses não se esgotaram apenas no particularismo nem a exclusão implicou banimento funcional; antes, os segmentos populares encontravam-se simbolicamente incorporados nas categorias universais mediante as quais os livres proprietários descreveram e elaboraram de modo programático os princípios e conseqüências de seu agir. A distância entre a identidade de todo homem, no plano das idéias, e as diferenças reais de acesso legítimo ao espaço público era salva, assim, por intermédio dos princípios abstratos da razão, da liberdade e da igualdade. Mais: a independência das camadas de livres proprietários com respeito ao poder e a realização de sua autonomia material à margem de qualquer princípio de exploração econômica de tipo estamental revestiram a ideologia de coerência em relação ao mundo e de efetividade como representação das relações entre os homens capaz de guiar a ação política.

As considerações recém-formuladas permitem salientar dois grandes aspectos entrelaçados de forma indissolúvel, cujas repercussões foram objeto freqüente de análise na história do pensamento político-social: a inexistência de um segmento social significativo e articulado, em condições de encarnar interesses sociais amplos; e o caráter artificial e estéril das ideologias. O segundo aspecto é mais evidente: trata-se da existência aviltante da escravidão no contexto de um ambiente político que se pretendia contemporâneo das grandes tendências mundiais, e onde a presença do trabalho forçado em larga escala obstava a coerência formal dos valores universalistas pregados pela ideologia política. Afinal, como falar em cidadania, liberdade e igualdade como categorias universais da ordem política moderna em um mundo social que tinha seu fulcro na escravidão?

O primeiro aspecto também decorre da continuidade e primazia do escravismo na organização da sociedade oitocentista, mas remete a outro segmento social: os homens livres. Já no século XVIII, em observação que lamentava a ausência de população apta para servir ao "Estado" na administração dos negócios públicos, Morgado de Mateus julgava, sentencioso, a rarefação da sociedade: "nesta terra não há povo"; no entanto, sua frase correu com menor fortuna do que outra proferida no final da centúria seguinte por Louis Couty, amplamente citada ao longo do século XX junto com sua estimativa dos 6 milhões de "inúteis" que caracterizavam a "situação funcional da população" no país: "*le Brésil n'a pas de peuple*".[37] A contundência lacônica de semelhante afirmação perderia todo sentido se referida à situação dos escravos, por definição excluídos da identidade política pressuposta na idéia "povo"; a "falta" era de outra índole, a saber, a inexistência de camadas médias, de homens livres organizados econômica e politicamente fora das órbitas do jugo senhorial, em condições de enriquecer a vida social superando a abismo intransponível que separava os extremos da ordem econômica. Diagnósticos lamentando a inexistência do povo foram bastante comuns na segunda metade do Oitocentos, tais e como aparecem nas idéias de Sílvio Romero ou de Tobias Barreto; por exemplo, em seu "Um discurso em mangas de camisa", de 1877, Barreto asseverava: "Entre nós, o que há de organizado é o Estado, não é a nação [...] não é o povo, o qual permanece *amorfo* e dissolvido, sem outro liame entre si, a não ser a comunidade da língua, dos maus costumes e do servilismo".[38] E quase três décadas após a abolição da escravatura e a despeito do regime de trabalho livre, Gilberto Amado acusava a continuidade do "estado social" entre a Monarquia e a República, reproduzindo o diagnóstico oitocentista: "povo propriamente não temos".[39] Ainda hoje é possível se defrontar com ecos desses diagnósticos, pois na opinião de Octávio Ianni: "Não parece uma nação o país em que a população ainda não se tornou povo".[40]

Não raro, a relação entre o "artificialismo das idéias", entendido como obstáculo para sedimentar vínculos morais abrangentes, e a "ausência de povo" ou o caráter precário e desarticulado das populações de homens livres foi elaborada no pensamento político-social em termos negativos — ora como nulidade, ora pelos efeitos dessa carência na estruturação simbólica da sociedade. Para Gilberto Freyre, essa "[...] rala e insignificante lambugem [sic] de gente livre sanduichada entre os extremos antagônicos", essa "[...] quase inútil população de caboclos e brancarões, mais valiosa como material clínico do que como força econômica [...]", não teria concorrido com qualquer aporte digno de nota para a "formação" econômica, política e social do país — nem ao longo do período colonial nem durante o século XIX.[41] A empreitada colonial e a progressiva edificação e decantação de instituições e valores de toda ordem ocorreram graças ao império da dominação senhorial, impregnando com seu privatismo e familismo de fundo autoritário o conjunto das relações sociais. Embora passível de crítica por seus excessos e por seu efeitos pertinazes na cultura política e no funcionamento das instituições e do poder, o patriarcalismo teria sido condição *sine qua non* para a "formação do Brasil". No caso de autores mais reticentes diante do legado colonial e patriarcal, a nulidade torna-se falta plena de conseqüências e, abrindo passo à controversa especificação em negativo, o homem livre emerge onipresente como vácuo preenchido por uma sociabilidade incivilizada, cujo privatismo agreste acabou por organizar a vida social e até por inundar o próprio espaço público — pervertendo seu sentido político genuíno. Quiçá uma das formulações mais nítidas dessa "positivação da ausência" tenha sido expressa por Nestor Duarte nas seguintes palavras: "[...] senão representa nenhum fator preponderante, atuante e positivo dessa organização social, [a classe dos livres] assume sombria proporção como *elemento negativo* da sociedade brasileira. *Não vale pelo que é, mas pelo que deixou de ser* e representar na base da organização econômica e política".[42] Sem freios nem contrapesos, os interesses dos grandes proprietários rurais expandiram seu domínio para além das relações servis, erigindo-se como factótum da organização política do poder e, por conseguinte, modificando a "[...] índole do próprio poder, que deixa de ser o da função política para ser o da função privada".[43] Com matizes e a partir de perspectivas de análise diferentes, argumentos parecidos em torno das repercussões acarretadas pelo caráter instável e marginal dos grupos sociais livres de vínculos de submissão direta também foram explorados por autores coetâneos como, entre outros, Sérgio Buarque de Holanda, Fernando de Azevedo e Caio Prado Júnior.[44]

Em se tratando de autor que encetou de forma fecunda as reflexões históricas de filiação marxista no país, escapando às preocupações de chave psicológica e cultural dominantes, não causa surpresa o fato de ter sido Caio Prado quem, à época, maior atenção dedicou à composição das camadas de homens livres e às conseqüências de sua desclassificação social para a ordenação material e simbólica da sociedade. Também nesse ponto seu trabalho de 1943 consolidou-se como referência obrigatória, particularmente da literatura acadêmica que desde os anos 1960 voltou-se para o estudo e a reconstrução da sorte desses segmentos sociais, tanto no terreno da historiografia quanto no da análise sociológica. Em Caio Prado, os homens livres, os libertos e os fugitivos permaneceram confinados, seja fora da civilização, nos quilombos e em áreas recônditas — "mantendo-se ao Deus dará, embrutecidos e moralmente degradados"[45] —; seja em posições marginais dentro dos confins da sociedade, inserindo-se como agregados, apaniguados ou servidores esporádicos dos senhores das terras — no melhor dos casos —, ou simplesmente como vadios estigmatizados com a pecha da inutilidade e do pendor gratuito pela turbulência. A contrapartida analítica de semelhante "destino" assume perfis claros quando inscrita no quadro do "diagnóstico maior": a inorganicidade do todo social e a terrível ausência de qualquer substrato favorável ao desenvolvimento de nexos morais, cuja função foi precariamente substituída pelo império dos laços primários alicerçados na mera dependência e exploração econômicas.

> Em suma, a escravidão e as relações que dela derivam, se bem que constituam a base do único setor organizado da sociedade colonial, e tivesse por isso permitido a esta manter-se e se desenvolver, não ultrapassam contudo um plano muito inferior, e não frutificam numa superestrutura ampla e complexa.[46]

Os contrastes sugeridos pelo pano de fundo das modernas sociedades de classes e suas correspondentes "superestruturas" no plano ideológico, jurídico e da representação de interesses levam o autor a concluir, em congruência com a mesma linha de argumentação, o iniludível deslocamento da grosseira estrutura social para o espaço público — assim marcado pela impotência do poder político-administrativo e pela índole rudimentar das mediações simbólicas que aqui mal cimentaram a integridade do corpo social. A despeito da ortodoxia estruturalista de certo marxismo, os empecilhos históricos à construção de uma institucionalidade moderna acusam, na obra em questão, a extraordinária importância dos vínculos morais na organização da sociedade. Talvez por isso, e na busca sempre controversa das "razões da ausência", o papel da religião e do clero seja notabilizado, precisamente, pela sua inópia na edificação de qualquer moral relevante, "[...] de um freio sério à corrupção dos costumes".[47] Para dizê-lo nas palavras de Sérgio Buarque de Holanda, consoantes com o espírito dessa busca e com o diagnóstico dela resultante: "A uma religiosidade de superfície [...] transigente, por isso mesmo que pronta a acordos, ninguém pediria, certamente, que se elevasse a produzir qualquer moral poderosa".[48]

O papel das grandes mediações simbólicas e seus vínculos com uma ordem social que não comportava sua efetivação nem lhes fornecia referentes capazes de assegurar sua congruência formal, assim como o lugar socialmente ocupado pelos homens livres e as conseqüências de longo prazo acarretadas por sua desclassificação para os desafios da integração social — surgimento do mercado e trabalho e dos valores e direitos a ele inerentes —, continuaram a intrigar o trabalho intelectual na segunda metade do século XX, animando novas contribuições de valia. Quanto ao papel das grandes mediações simbólicas, hoje é bem conhecido que às "idéias fora do lugar" correspondia, sim, um lugar específico, embora não fosse o ocupado alhures nem servisse, na maioria dos casos, para cumprir funções cognitivas e totalizadoras.[49] A força das idéias chegava aqui infirmada pela força crua da realidade, e, a rigor, elas não realizaram o papel abrangente de uma ideologia — sistema de idéias coincidente em algum grau com as aparências, na concepção de linhagem marxista de Roberto Schwarz —, mas de um certo decoro de classe com os tempos que corriam pelo mundo afora; decoro cujo pressuposto era a cumplicidade em maior ou menor grau com o "anacronismo" interno. Por via de regra, tratava-se de ideais longínquos, adequados para fornecer diretrizes morais ao pensamento, desde que atenuados por inúmeras considerações práticas impostas pela realidade quando das decisões políticas.

A fantástica dissonância entre o discurso político e as formas institucionais, de um lado, e a onipresença do trabalho forçado na organização da sociedade, do outro, trouxeram conseqüências duradouras na compreensão do espaço público, deslocando o foco do mundo institucional da política para a vida social e seus efeitos sobre a vida pública. O problema é claro: equacionar a configuração desse espaço em contexto histórico no qual a forma jurídica e as idéias políticas constituem um índice particularmente opaco da vida social. A esse respeito, nada mais eloqüente que a omissão do problema do trabalho escravo da Constituição de 1824. Seja dito de passagem, lidar com a brutalidade das conveniências escravagistas, no sofisticado marco de Constituições políticas vazadas em pressupostos normativos modernos, parece não ser tarefa fácil de equacionar sem lançar mão da omissão ou de eufemismos que permitam preservar a forma jurídica. Nos Estados Unidos, como contra-exemplo, a necessidade política de regular os conflitos intestinos entre o Norte e o Sul e, portanto, de legislar os limites territoriais do escravismo — como feito no Compromisso de Missouri —, eliminou o recurso da omissão; o substituto eufêmico utilizado na legislação foi a "instituição singular".⁵⁰

Também, quanto às camadas de homens livres, existe hoje conhecimento mais apurado. Se a sociedade civil burguesa realizava seus interesses à margem de vínculos de submissão direta ou, por outras palavras, no jogo das trocas impessoais do mercado — o que desempenhou papel fundamental na decantação de uma ideologia isenta de atributos estamentais —, aqui, os homens livres, embora desvencilhados tanto do jugo do trabalho forçado quanto da apropriação direta dos benefícios da escravidão, nunca se evadiram por completo da órbita do domínio senhorial, estando a ela submetidos pelo vínculo pessoal do favor, que lhes permitia haurir benefícios em troca de lealdade. Apesar de serem camadas numerosas, seu papel econômico e político foi residual durante a Colônia e ainda no Império.⁵¹ Na verdade, antes que uma classe social em ascensão pujante, tratou-se de camadas de homens livres e pobres a medrarem vegetativamente à sombra da relação servil senhor/escravo; e cuja vivência da ordem social foi caracterizada pela violência, pela precariedade das relações primárias e, sobretudo, pela experiência da liminaridade, ou seja, da índole "prescindível" e "dispensável" de sua existência, de sua desclassificação social sob o estigma de sua condição de *vadios* e "inúteis ao mundo" — para dizê-lo com os termos dos belos estudos de Maria Sylvia de Carvalho Franco, Laura de Mello e Souza e Lúcio Kowarick.⁵² Não fosse a "possibilidade de desobedecer",⁵³ por certo rara e preciosa numa sociedade escravista, nada lembraria nessas camadas errabundas a autonomia dos livres proprietários associada à emergência do espaço público moderno; ainda assim, os expedientes de inserção marginal dos homens livres na dinâmica econômica acabaram por montar uma armadilha que tornou inócua sua autonomia, esvaziando-a de toda projeção simbólica e política. O progresso material, muito valioso pelas condições de instabilidade e penúria características dessas camadas, dependia de sua inserção no mundo externo que a um só tempo as confinava em sua posição residual e lhes oferecia espaços limitados de reprodução. Autonomia, sim, mas orientada material e simbolicamente "de fora", e com limitados recursos de auto-afirmação — desobediência, recusa ao trabalho, revoltas esporádicas, violência, ócio e desenraizamento. Seja dito de passagem, após a Lei Áurea a sorte dos homens livres permaneceu presa ao estigma do *trabalho nacional*, submetido a intensa campanha de desprezo por parte das grandes elites proprietárias, agora interessadas em justificar e prolongar a importação maciça de mão-de-obra à custa dos cofres públicos.[54]

A composição da sociedade oitocentista trouxe conseqüências palpáveis na compreensão do espaço público a partir da caracterização de sua gênese, levando a tônica das análises a recair nas peculiaridades da vida pública. Idéias como "inorganicidade" e "amoralidade" sociais não apontam para a inexistência de qualquer forma estável de ordenação material e simbólica da sociedade; antes, assinalam tanto o caráter demasiado primário dessa ordenação quanto, e isso é fundamental, a especificidade do modo imperante de relação entre a vida social ou privada e a vida política — com seu correspondente arcabouço institucional. Entre ambas haveria uma proximidade tal que os interesses e hábitos do mundo privado constituiriam também os do mundo da política, mediante uma espécie de expansão a avançar desimpedida para estabelecer a particularidade e a cultura familiar de tipo patriarcal em instâncias nas quais deveriam prevalecer critérios universais e valores cívicos de índole cidadã. Independentemente de essa proximidade ser elaborada em termos negativos ou positivos, ou seja, como vácuo, inorganicidade, amoralidade e insolidariedade a amesquinharem a política, ou enquanto afirmação de traços identitários "nacionais" em maior ou menor medida valorizados, interessa salientar que ela põe em jogo a própria caracterização da vida pública. Com efeito, esquadrinhar a ausência ou presença de mediações simbólicas e societárias capazes de elevar moralmente a passagem entre o privado e o político, ou apenas de conferir-lhe determinadas feições culturais, equivale a introduzir o papel da vida pública, por definição interposta entre ambos os âmbitos enquanto trama de interações cimentadas por laços morais e vínculos orgânicos com densidade institucional estável. Parece ocioso insistir nos efeitos deletérios da ordem escravagista para o adensamento e sofisticação da vida pública — daí a "ausência de povo", a "lambugem de gente livre". Em certo sentido, poder-se-ia dizer que sua centralidade no pensamento político-social opera na forma de "reflexo invertido", quer dizer, como constância motivada pela falta, como reiteração decorrente da precariedade; enfim, registro específico em que foram equacionados os entraves à modernidade no terreno do espaço público.

Em suma, a (a)moralidade da vida social, o descrédito das ideologias, o franco descaro ante os mandatos práticos dos valores universalistas, o trabalho compulsório a destituir o negro de todo atributo político, a desclassificação social das populações de homens livres e, é claro, a persistência da estrutura social responsável por semelhante quadro configuram em conjunto o cenário no qual emerge o acanhamento da vida pública como fatalidade a sintetizar a gênese truncada do espaço público no país. As "linhas mestras" desse registro podem ser abstraídas em três traços principais: os efeitos duradouros da composição da sociedade, concebida quer em termos raciais, quer sob a ótica de contingentes populacionais portadores e produtores de identidades psíquico-culturais, quer na chave das classes sociais; a dinâmica que uniu e separou esses grandes segmentos da população, definindo as características específicas da (in)organicidade e (a)moralidade social; e as repercussões de ambos os aspectos no tolhimento de uma vida pública genuína ou, em leitura afirmativa, na sua constituição moldada pelas exigências da "idiossincrasia nacional".

Tais "linhas mestras" encontram larga presença no pensamento político-social das primeiras décadas do século XX, e sua esteira pode ser rastreada ao longo do Oitocentos. Sem sombra de dúvida, entre os padrões explicativos de cunho naturalista dominantes no último quartel dessa centúria — via de regra centrados em determinações raciais e ambientais — e as análises informadas pelos padrões culturais e psicológicos dos anos 1930, houve mudanças de vulto nos mais diversos planos sociais, inclusive no intelectual; contudo, a semelhança lógica facilitada pela abstração aponta para algo que transcende a simples coincidência formal dos argumentos. Trata-se de duas constantes. Em primeiro lugar, o peso da escravatura e suas conseqüências como fulcro explícito ou implícito das múltiplas facetas daquilo que o pensamento político-social foi definindo como o "dilema brasileiro" — para emprestar o sentido da fórmula sumária cunhada por Gunnar Myrdal —; quer dizer, as constelações de problemas nevrálgicos a serem resolvidos para alcançar a modernidade, seja qual for sua definição predominante em cada período.[55] Em segundo lugar, e eis o fundamental para esta análise, a transposição desse dilema para o terreno do espaço público sob a roupagem das dificuldades e deturpações da vida pública; por outras palavras, a recorrência da vida pública sob o signo da atrofia representa a tradução do "dilema brasileiro" para o desconfortável problema da configuração do espaço público.

Nos primeiros parágrafos deste capítulo foram distinguidas duas ordens de problemas a serem contornados para equacionar o estatuto heurístico conferido à vida pública na concepção mais influente do espaço público ao longo de boa parte do século XX: de um lado, a inconveniência de se furtar a uma análise detalhada e historicamente contextualizada da literatura no seu próprio terreno, ou seja, no plano da reconstrução das idéias; do outro, a implausibilidade de reduzir a recorrência da vida pública a um viés analítico propiciado pela convergência de novas abordagens, visto que tal recorrência também trazia à tona dificuldades impostas pela história para caracterizar a configuração do espaço público. De fato, sustentou-se aqui que a centralidade da vida pública constitui uma resposta possível a essas dificuldades, particularmente ante os descompassos entre as transformações da vida política e a continuidade na ordem social — "divórcio" entre a sociedade e o Estado —, e ante os efeitos deletérios dessa ordem para a sorte dos homens livres e para a edificação de mediações simbólicas abstratas e impessoais — a "ausência de povo" e a "artificialidade das idéias". Contudo, assentar tanto o peso desses fatores quanto a própria recorrência da vida pública não faz senão assinalar o caminho a ser desbravado, pois o "ônus da prova" não foi coberto ainda, permanecendo como premissa suspensa a resolução da primeira ordem de problemas. Sem tal resolução, as reflexões até aqui desenvolvidas careceriam de pertinência. Afinal, ainda estão pressupostas a efetiva centralidade da vida pública, a existência de uma lógica analítica comum nas interpretações que partilham esse recurso e a influência dessa concepção na literatura contemporânea.

11. AS ARMADILHAS
DA IDENTIDADE NACIONAL

5. PARA CONTORNAR A TENTAÇÃO
DO ANACRONISMO

USAR-SE DA IDÉIA DE TRADIÇÃO ANALÍTICA implica pressupostos que, não raro, são introduzidos negligenciando qualquer esforço de explicitação no que diz respeito a sua pertinência e, portanto, a seus limites. Quando a tradição intelectual é invocada, soem aparecer certas questões — aliás, não sem razão —: quais os elementos partilhados a definirem certo perfil comum entre distintos autores e quais as características excluídas por esse recorte homogeneizador? Qual a dinâmica interna que, pressuposta como continuidade de certa tradição, permite a combinação lógica desses elementos — para além da enunciação formal ou meramente descritiva? Sem esquecer, é claro, qual a origem concreta dessa particular combinação? Embora seja simples reconhecer as feições características da vida pública quando interpretada como se estivesse regida pelo *ethos* — ênfase em um núcleo altamente estilizado de determinações culturais e psicológicas profundas (familismo, cordialidade, privatismo ou incivilidade, por exemplo), que além de constituírem o âmago da identidade nacional, transbordam-na fundando e modelando o espaço público —, dificilmente poder-se-ia afirmar a mesma facilidade para encontrar respostas satisfatórias a perguntas como as recém-colocadas.

O caminho mais rápido para delimitar a tradição e a lógica de funcionamento do *ethos* seria estabelecer, desde já, o *corpus* de referências que permitem localizar sua constituição e características; entretanto, nem sempre o caminho mais curto é mais proveitoso — particularmente em se tratando de um tema impregnado pela secular problemática da identidade nacional. A preocupação oitocentista em inventar a nação, detectando indícios e eventos "autenticamente originais" no passado remoto, manteve repercussões no pensamento político-social que avançaram pelo século XX adentro. Assim, quando analisadas as obras que, nas primeiras décadas do século XX, marcaram os rumos do debate acerca do estatuto do nacional e da nação, é comum se deparar com o fato de os autores postularem a existência de continuidade entre os termos de sua discussão e as idéias elaboradas por diversos observadores e pensadores ao longo de centúrias — por exemplo, a luxúria como traço distintivo da "psicologia do brasileiro" teria sido registrada com fidelidade por argutos observadores como Amerigo Vespucci, nos primeiros anos do século XVI, ou como Gabriel Soares de Souza, na segunda metade dessa centúria.[1] A admissão de tamanha continuidade histórica não é patrimônio exclusivo dos autores empenhados em desvendar as feições da identidade nacional; por vezes os estudiosos do pensamento político-social rastejam semelhanças igualmente longínquas mediante o estabelecimento das "influências". Nessas perspectivas, corre-se o risco ou de naturalizar o *ethos* público junto aos traços de uma "brasilidade originária", ou de perder sua especificidade histórica no plano das idéias; isso porque o *ethos* seria facilmente remetido aos antecedentes imperiais ou mesmo coloniais de certas noções tradicionalmente vinculadas à questão da identidade nacional. Uma vez aceita a continuidade, seja pela via da reconstrução afirmativa da identidade nacional, seja pela via das influências seculares no plano das idéias, poder-se-ia concluir que certas noções acompanharam e moldaram a história do pensamento político-social no Brasil; noções cujo aperfeiçoamento só teria adquirido o perfil nítido de um *ethos* público em autores de envergadura como os já mencionados. Sustenta-se aqui postura contrária. A cabal compreensão do *ethos* requer um deslinde preciso com respeito aos riscos desse tipo de interpretação, e esse é o intuito desta seção.

Em análise comparativa da democracia racial como mito de origem nacional, Thomas Skidmore, sem se ressalvar pelo anacronismo, localiza longínquas influências da tese de Gilberto Freyre nos diários de viagem e nas epístolas dos jesuítas do século XVI, cuja luta perseverante contra o laxismo moral da vida e dos costumes locais teria contribuído de forma irônica, séculos depois, para a dignificação da promiscuidade combatida — ungida por Freyre, e antes por Paulo Prado, ao estatuto de traço da identidade nacional.[2] De fato, é uma tentação comum àqueles que dedicaram boa parte de sua obra a inventariar e inventar a identidade nacional — o caráter nacional — se remontar a tempos ancestrais nos quais não existia a nação e sequer a noção de um "nós" brasileiro.[3] A rigor, desde essa perspectiva de busca das influências primigênias seria coerente para qualquer autor se remontar à Carta mítica de Pero Vaz de Caminha,[4] passível de apropriação como suposto prenúncio do naturalismo e de certo nativismo — que viria a caracterizar o pensamento árcade —, e da exuberância e sensualidade entusiastas do romantismo. Nesse espírito de busca retrospectiva, na Carta do cronista não faltariam passagens para fixá-la como o ponto originário e literalmente intransponível da identidade nacional; não é fortuito que ela já tenha sido entronizada como "certidão de nascimento" do Brasil.⁵ Aliás, a exuberância e a sensualidade do romantismo foram temas reapropriados e recriados, por sua vez, na noção de flexibilidade ou de plasticidade social fortemente enraizada na literatura do *ethos* público: "Somos o povo mais plástico do mundo. [...] Damos um 'jeito' em tudo", afirma quase entusiasticamente João Camilo de Oliveira Tôrres; por sua vez, Roberto DaMatta eleva a plasticidade ao estatuto de apotegma geométrico: "E assim fazendo, acabamos por descobrir esta arte tão brasileira de construir triângulos, fazendo [...] sempre de dois, três!".⁶

É claro que existem referências menos remotas e aquém da flexibilidade quase irrestrita inerente a certa busca historiográfica das influências primevas, não raro vinculada de forma consciente ou ingênua à artificiosa fábrica da genealogia da nação — cujo "rastejo" precisa da reconstrução de uma linhagem de personagens e eventos em termos particularmente anacrônicos.⁷ Reflexões oitocentistas de enorme relevância, como as de José Bonifácio de Andrada e Silva ou as de Carl Friederich Philippe von Martius, são bastante ilustrativas. Após longa estância na Europa e com grande reputação vinculada aos afazeres da mineralogia, José Bonifácio voltara ao Brasil e desenvolvera notável e fugaz carreira política em um período de particular densidade histórica, cuja desembocadura fora a Independência. Ele engajou-se na concepção e defesa de um programa de reformas ousado — exprimido de forma nítida em suas iniciativas de lei junto à Assembléia Geral Constituinte e Legislativa do Império do Brasil.⁸ As propostas de reformas contidas nesse programa serviam a um único propósito superior: a realização do seu projeto de nação para o Brasil sob a forma de governo monárquico constitucional.⁹ Na percepção de Bonifácio, os principais empecilhos para a ex-colônia se consolidar como país civilizado diziam respeito, fundamentalmente, às questões da unidade territorial e da identidade nacional. Nesse último ponto, era necessidade imperiosa a criação da comunidade nacional, do sentimento de pertença, de afiliação a certo interesse coletivo, comum a todos; ainda mais, "Era preciso criar uma nova 'raça', com um repertório cultural comum, que servisse de substrato para a nova identidade nacional".[10] De fato, Bonifácio propôs com largueza a mestiçagem como solução:

> O mulato deve ser a raça mais ativa e empreendedora; pois reúne a vivacidade impetuosa e a robustez do negro com a mobilidade e sensibilidade do europeu; o índio é naturalmente melancólico e apático [...]. O melhor método de amansar índios é casar com as índias os nossos, a quem elas preferem aos seus.[11]

Companheiro de viagem de João Baptista von Spix e cativo por outros assuntos que não os da história nem os do reino mineral, o botânico Martius adentrou-se na intrincada geografia destas terras durante três anos (1817-1820) e, após sua volta à Europa, sistematizou valiosos volumes acerca da fauna, da flora, das doenças e remédios, assim como das línguas locais. De todo seu trabalho com dimensões monumentais, aqui interessa, entretanto, brevíssima dissertação entregue em 1845 ao Instituto Histórico e Geográfico Brasileiro, laureada com medalha de ouro como o melhor "Plano de se escrever a história antiga e moderna do Brasil, abrangendo as suas partes política, civil, eclesiástica e literária". O plano propunha a consideração exaustiva das particularidades das três raças que aqui concorreram para o desenvolvimento moral e físico da população.[12] Esperando não "ofender a suscetibilidade dos brasileiros" com suas idéias, o autor inclinava-se "a supor que as relações particulares pelas quais o brasileiro permite ao negro influir no desenvolvimento da nacionalidade brasileira designam o destino do país, em preferência de outros Estados do Novo Mundo, onde aquelas duas raças inferiores [negros e índios] são excluídas do movimento [...]", e, por isso, "Com quanto maior calor e viveza ele [o historiador] defender os interesses dessas por tantos modos desamparadas raças, tanto maior será o mérito que imprima à sua obra [...]".[13]

Seja porque aquilo que havia de seminal no pensamento de Bonifácio resultou plenamente condizente com embates pela abolição da escravatura, particularmente com a questão da integração social como condição de possibilidade para edificar a nação; seja porque o galardão outorgado pelo Instituto, dois anos após a entrega da dissertação, consagrou Martius como referência obrigatória para se elucidar corretamente o país — mas não apenas por isso —; é fato que as idéias de ambos os autores ampliaram sua influência sobre os intelectuais pósteros que, ao longo das décadas imperiais, vieram refletir sobre os desafios do Brasil-nação. Não é preciso grande perspicácia para se perceber que, para além de seu impacto coevo no mundo oitocentista, as idéias de Bonifácio e de Martius, comprometidas com a miscigenação como alicerce da nação, apresentam-se exemplarmente como passíveis de reapropriação pela literatura do século XX empenhada na tentativa de equacionar o Ser Nacional.[14] Destarte, de uma perspectiva em busca das origens, por certo anacrônica, seria possível, em tese, localizar a origem das idéias que aqui interessam no século XIX, reputando genuína a paternidade de pensadores da envergadura de um Bonifácio ou um Martius. Evidentemente o debate sobre a identidade nacional contou com outras figuras de peso; no elenco poderiam comparecer, entre outros, Sousa Caldas, Gonçalves Dias, José de Alencar, Gonçalves Magalhães, Adolfo de Varnhagen, Nina Rodrigues, Sílvio Romero ou Joaquim Nabuco — alguns desses autores serão abordados na seção seguinte.[15]

Porém pareceria deveras irônico o fato de se apagarem quaisquer traços de especificidade histórica, precisamente, no intuito historiográfico de estabelecer a fonte originária do pensamento sobre o caráter nacional — fulcro em torno do qual se desenvolveu a tradição do *ethos* público. A lógica dessa ironia consiste em que o esforço analítico em busca das origens leva consigo — de antemão — uma resposta feita de puro presente, se "deparando" sempre com resultados que obedecem a uma espécie de "arqueologia" dos elementos contínuos na tradição do pensamento sobre a identidade nacional. Na realidade, a permanência de um elenco de *temas* — por exemplo, miscigenação, lascívia ou plasticidade — não implica continuidade no terreno dos *problemas*, quer dizer, das formas específicas de abordagem a partir das quais está sendo reconstruído e compreendido o *tema*. Isso coloca a pertinência de se introduzir a *descontinuidade* e a *reapropriação* como subsídios analíticos para refletir o problema que aqui interessa: o surgimento e a consolidação do *ethos* público como chave explicativa da vida e do espaço públicos.

6. Temas e problemas no discurso da identidade nacional

Antes de enveredar por esse caminho, convém precisar e extrair algumas conseqüências da distinção recém-apontada: a relação contínua/descontínua entre *temas* e *problemas*, mediada, como será visto, pela *reapropriação*.[16] É claro que, tirante parte do período colonial, na história do pensamento político-social há continuidade, relevância ou até reposição enfadonha de certos *temas*, dentre os quais: as qualidades, inexistência ou francas deficiências do povo ou, em termos mais atuais, da sociedade civil; a questão racial; a moral pública; a identidade e integração nacionais; a grandeza e a riqueza natural destas terras; ou, equacionando amplo leque dessas e outras preocupações, os temas perenes do Estado — constituição, missão e consolidação — e da modernização do país — econômica, política, social e cultural, segundo distintas concepções e programas.[17] Contudo, cabe assinalar que tais temas não definem necessariamente a singularidade do pensamento local, pois não raro as preocupações em aparência mais singulares, como poderia ser a tristeza do povo, outrora emblemática, pertencem a inveteradas tradições do pensamento ocidental. Traços do caráter como a própria tristeza, a melancolia ou a passividade; a personificação desses ou outros traços em figuras pitorescas como o malandro; a existência de tempos nos quais imperava certa ordem harmônica; a memória do drama constitutivo da nação, definido pela cisão da "alma popular"; tudo, isto é, a conjugação desses aspectos, apresenta algumas das facetas do processo de elaboração e mitificação de arcaísmos, a partir do qual as sociedades européias esculpiram a imagem de sua própria identidade defronte do mundo rural gerado, paradoxalmente, pela secular urbanização.[18] Ademais, é comum os mesmos temas aparecerem com intensidade similar no pensamento político-social latino-americano — por vezes em termos muito semelhantes.[19]

Pois bem, a tentativa de historizar lançando mão do expediente de descobrir e datar influências remotas, quanto mais longínquas no tempo aparentemente mais originais e valiosas, visa desentranhar os elementos constantes que permitem alinhar longa sucessão de pensadores; entretanto, essa tentativa produz no mesmo ensejo a constância visada, mas de forma retrospectiva, como efeito de continuidade, como invenção da memória de uma linhagem — isto é, como constructo anacrônico cuja legitimidade histórica é garantida mediante sua inserção historiográfica no âmbito da tradição. Assim, é a *reapropriação* que faz possível a realização do efeito de continuidade, ao intermediar entre a disponibilidade dos *temas* e as exigências dos *problemas* que, propostos no presente, levam os autores a explorar determinadas perspectivas de leitura do passado. Embora a *reapropriação* seja condicionada pela história específica dos *temas* e pelo desenvolvimento das perspectivas de abordagem existentes e conceituadas no momento de sua construção — o que tem conseqüências importantes para se pensar na origem do *ethos* público —, é claro que ela obedece de forma decisiva à lógica concreta dos *problemas*, às questões que eles apresentam e que têm de ser elaboradas para dar respostas às inquietações do presente.

São duas as vantagens que explicam a adoção desse quadro elementar de referências analíticas — por sinal bastante esquemático, particularmente se considerado em relação ao campo teórico da historiografia.[20] Em primeiro lugar, permite firmar o estranhamento diante das idéias coaguladas na literatura sobre a identidade nacional e, especificamente, sobre o *ethos* público — origens remotas, tradições seculares, continuidades essenciais e imutáveis, traços constitutivos do ser nacional —; em segundo lugar, torna não apenas pertinente, mas obrigatória a indagação acerca da especificidade do *ethos* público ao destacar a relevância da descontinuidade. É mister, portanto, formular a questão da origem do *ethos* público em termos do *horizonte de problemas* que animou uma reapropriação específica de determinados elementos pertencentes aos temas da identidade nacional, agora ressignificados sob um escopo analítico a rigor novo. Embora seja pertinente se pensar em termos analíticos a relação tema/problema, não é plausível que historicamente apareça apenas um problema, mas um conjunto interdependente e articulado de problemas relevantes em um período histórico determinado. Nesse sentido e sem maiores pretensões conceituais introduzimos aqui a noção "horizonte de problemas".[21]

Em estudo pioneiro acerca da ideologia do caráter nacional, Dante Moreira Leite propõe quatro grandes momentos para periodizar o pensamento político-social em busca da brasilidade: o colonial, o do romantismo, o do pensamento disciplinar imerso no ambiente de pessimismo próprio das últimas décadas oitocentistas e da primeira metade do século XX e, por último, o momento da industrialização e da — suposta — superação da ideologia do caráter nacional.[22] A análise e caracterização de tais fases, por sinal, acompanha até o século XIX os argumentos e a periodização desenvolvidos por Antonio Candido no seu clássico trabalho sobre a *Formação da literatura brasileira*. Mais que explorar esses períodos, interessa salientar apenas o fato de eles estarem constituídos, *grosso modo*, pela irrupção e permanência, no longo prazo, de horizontes de problemas que balizam a descontinuidade no sentido da reapropriação de certos temas continuamente invocados para identificar os traços da identidade nacional.

7. A REAPROPRIAÇÃO DOS TEMAS DA IDENTIDADE

Foi mediante o contato com os textos europeus e coloniais, sem dúvida muito limitado pela ausência de condições de reprodução e de circulação na colônia,[23] que se cristalizou na obra do arcadismo um conjunto de atributos incorporados de maneira definitiva ao tratamento do vernáculo: a prodigalidade da natureza defronte dos homens ora mesquinhos ora apoucados que povoavam estas terras; a primazia da riqueza e da beleza natural da América portuguesa no orbe; as feições próprias à sensibilidade dos habitantes destas latitudes, por vezes meigos e ternos, por vezes melancólicos, mas quase sempre propensos à lascívia ou portadores de sensualidade exuberante.²⁴ Embora um traço distintivo do arcadismo — não o único e sequer o mais importante — tenha sido a vocação para inventariar, definir e enaltecer as características da vida e natureza locais, seria grave equívoco atribuir-lhe um nativismo com pretensões de originalidade nacional. Nada mais distante dos textos árcades, cujo horizonte de problemas, determinado pela condição cultural e politicamente periférica da colônia, impunha a dupla conveniência de demonstrar a excelência de uma cultura local a par da européia e de revelar as riquezas e o valor das posses ultramarinas — que devido a sua qualidade e a sua magnitude bem mereciam atenção do poder peninsular. De fato, no demorado processo de decantação daqueles tópicos árcades — cujos elementos e imagens foram coagulados no nativismo e no naturismo prosaicos, que exprimiram a decadência do arcadismo já estabilizado sob o jugo da rotina²⁵ — não há, *stricto sensu*, empenho por definir ou salvaguardar a singularidade nacional, mas a preocupação por encaixar a vida e a cultura da colônia no quadro preestabelecido do universo cultural e político peninsular.

O fato de aqueles elementos e imagens não visarem nem pressuporem nenhuma definição de uma singularidade puramente brasílica frisa o caráter profundamente anacrônico de se procurarem as origens da noção do *ethos* público na colônia, baseando-se na existência de certos lugares-comuns; porém, isso não implica a desaparição de tais tópicos e, por conseguinte, deixa intocada a questão de sua continuidade como tema do pensamento político-social brasileiro. Foi a coincidência de dois importantes fenômenos, a definir o teor dos novos tempos oitocentistas, que inaugurou o registro a partir do qual seria reapropriado o legado árcade: de um lado, o encadeamento dos diversos acontecimentos históricos que levaram à extinção da subordinação colonial e, do outro, a emergência do romantismo e a conseqüente introdução de novas tendências no mundo da cultura. Essa particular combinação fez com que, ao longo de boa parte do século XIX, fosse possível uma surpreendente sintonia entre o mundo da política e o mundo da cultura: "Em poucos momentos, quanto naquele" — para dizê-lo nas palavras de Antonio Candido — "a inteligência se identificou tão estreitamente aos interesses materiais das camadas dominantes [...]".²⁶ O pensamento romântico e suas expressões literárias, vazados em um horizonte de problemas inédito — a construção do Estado nacional —, viram-se, então, imbuídos fortemente pelo sentido de uma missão fundadora e patriótica: "Toca ao nosso século restaurar as ruínas e reparar as falhas dos passados séculos. Cada nação livre reconhece a necessidade de marchar. Marchar para uma nação é engrandecer-se moralmente, é desenvolver todos os elementos da civilização" — afirmava enfático Gonçalves de Magalhães em seu famoso "Discurso sobre a história da literatura no Brasil".²⁷ De fato, o sentido de missão é traço distintivo do romantismo; o particular, neste caso, é que o destino superior do artista e de sua escrita liga-se com o destino do Estado-nação.²⁸ A emancipação de um território que devia ser construído material e simbolicamente como nação colocou em pauta o desafio da criação de uma literatura própria voltada para a discriminação do âmago da identidade nacional. Cabe ressalvar que apenas por brevidade de exposição, em matéria que assume aqui interesse muito pontual, é possível falar genericamente em "romantismo" sem considerar as controvérsias internas desse pensamento: a polêmica entre Gonçalves de Magalhães e José de Alencar basta para mostrar que nem sequer o *leitmotiv* do indianismo, quanto aos cânones de sua construção, era assunto pacífico entre os românticos.²⁹

A coincidência da dupla mudança, na ordenação política da sociedade e no âmbito da cultura — mas não na economia — explica em boa medida o caráter "estatal nacionalista" assumido pelo movimento romântico — diferentemente do ocorrido na Europa. Tratava-se de acompanhar e fortalecer a independência com demonstrações incontestáveis da maioridade artística e intelectual atingida pelo país, o que certamente exigia a entronização das feições capazes de, a um tempo, definir a identidade nacional como elemento unificador do território e apontar para a construção dessa identidade como processo civilizador, insuflando o orgulho patriótico. Então, o movimento árcade foi submetido a uma dupla operação pelo romantismo: estigmatizado porque representante fiel e indesejável do período colonial — por isso seu suposto "classicismo inautêntico" —, e, em sentido inverso, reapropriado como manifestação incipiente da consciência nacional — que presuntivamente balbuciava assim suas primeiras manifestações em linguagem ainda tímida. Com efeito, "[...] a descrição da terra e o sentimento nativista é que, transformados pelo gosto romântico, terão continuidade na literatura brasileira dos séculos XIX e XX".[30] E claro que, na medida em que essa continuidade ocorre no plano estritamente temático, ela é produto de uma operação retroativa a serviço do presente, neste caso, da necessidade de entranhar na colônia o germe originário da fisionomia nacional. Nesse sentido, tampouco o romantismo e sua consagração das feições da identidade oferece resposta historicamente pertinente no que diz respeito às origens do *ethos* público.

O teor laudatório da missão romântica se ocupou com menor veemência do mundo das instituições econômicas e políticas e da vida cívica — visto que, nesse terreno, a continuidade existia por si própria e não precisava de invenção —, preferindo a natureza e o índio como objetos de exaltação.[31] Com o olhar estranhado do estrangeiro, Von Martius formulou a respeito observação de notável acuidade perceptiva:

[...] certa particularidade, que excitou muito a minha atenção. Eu falo das numerosas histórias e legendas sobre as riquezas subterrâneas do país, que nele são o único elemento do romantismo, e substituem para com os brasileiros os inúmeros contos fabulosos de cavaleiros e espectros, os quais fornecem nos povos europeus uma fonte inesgotável e sempre nova para a poesia popular.[32]

A ausência de relatos épicos advertida por Martius e, como contrapartida, a presença de um discurso acerca das vastas riquezas naturais a definirem positivamente o Brasil — escamoteando o caráter pouco benevolente da ordem social — apontam para as características do romantismo acima expostas. Seja dito de passagem e com as ressalvas necessárias, observação semelhante não poderia ter sido formulada se a comparação registrasse como pano de fundo os países da América Espanhola, abalados por fortes revoluções de independência que forneceram abundante pedra de cantaria para a lavra da historiografia romântica. Sem dúvida, a prodigalidade quase onipresente da natureza e a simultânea ausência do povo — isto é, a crítica de seus defeitos ou de sua pacata presença na história — constituem um binômio temático complementar do pensamento político-social brasileiro.[33]

A harmonia entre o mundo da cultura romântico e o mundo da política imperial iria se ver solapada aos poucos com o surgimento e a proliferação do pensamento crítico ao Segundo Império, com o avanço do movimento republicano, com o fortalecimento da causa abolicionista, com o enraizamento do ideário positivista, enfim, com a geração de um ambiente regido sob o signo da ciência e do criticismo. Tal como o fizera o romantismo com o legado árcade, agora a própria herança romântica seria passada pelo crivo da censura que lhe impunham os novos tempos, cujo horizonte de problemas não mais era permeado pela premência da institucionallização estatal-nacional, mas pela transformação profunda das próprias instituições econômicas e políticas do país. Na verdade, o vertiginoso desencadear dos acontecimentos fez com que, após ocorrerem as transformações almejadas, esse horizonte de problemas se desdobrasse, assumindo novas características diante dos resultados obtidos — sempre aquém das expectativas.[34] No primeiro momento, o desafio partilhado pela maior parte do pensamento da época consistia de novo empenho renovador no plano das idéias, acompanhado de uma crítica ferrenha do passado; ambos os trabalhos — o construtivo e o destrutivo — faziam-se sob a convicção generalizada de que, banida a escravidão e instaurada a República, o país enveredaria rumo à modernidade. Já o segundo momento, além de manter as ambições edificadoras, defrontou os pensadores com a insuficiência ou franca ausência de quadros explicativos para compreender a crise que se alastrava, paradoxalmente, como desfecho das grandes transformações destinadas a solucionar os problemas do país.

Isso provocou um estado de depressão e de perplexidade no ânimo dos líderes das camadas dominantes, inclusive nos [sic] da inteligência. Originou-se, desse modo, outra convicção: a de que os desequilíbrios da sociedade brasileira, que eclodiam periodicamente na cena histórica, possuíam causas mais profundas.[35]

Sem constituir, de forma ingênua, a Lei Áurea e a proclamação da República em divisor de águas cronologicamente preciso, até porque fora pouco traumática a passagem do Império para o novo regime — não assim suas conseqüências —,[36] esses episódios simbolizam, mediante a introdução simplificadora de um "antes" e um "depois", a tensão constitutiva de boa parte do pensamento da época entre um empenho positivo de edificação para a realização dos ideais acalentados e um trabalho negativo de crítica acerba não apenas do passado, que deveria ser derrotado, mas do presente e da renitência de seus empecilhos que impediam moldar a realidade conforme aqueles ideais. A partir desse momento — segundo o dizer certeiro de Sérgio Buarque de Holanda —: "Nos livros, na imprensa, nos discursos, a realidade começa a ser, infalivelmente, a *dura*, a triste realidade".[37] A tensão entre ambos os pólos aparece de forma particularmente nítida no pensamento de Sílvio Romero, cuja obra influenciara largamente autores do primeiro terço do século XX; autores associados à produção da literatura sobre o caráter nacional e, portanto, sobre o *ethos* público.[38] Em prefácio a seus *Cantos do fim do século* (1878), livro de poemas compilados com que pretendera fornecer amostra do rumo da renovação literária pregada, no mesmo ano, em seu texto programático *A filosofia no Brasil*,[39] Sílvio Romero explicitou, invocando a seu favor o prestígio de Darwin, Comte e Spencer, a nova função das ciências do homem e, especialmente, da arte:

> Nesta altura, sua primeira obrigação, entre nós, há de ser o completo abandono de meia dúzia de célebres questões, que hão sido eterno martelar de autores brasileiros. Por este modo esquecer-se-á de índios e lusos para lembrar-se da humanidade; não indagará se é nacional para melhor mostrar-se humana [...]. Procuram-se hoje as leis de uma sistematização exata de nossa vida pensante. Sabe-se agora que não somos um povo de alta cultura, não porque nos faltassem frases, que nos sobram; mas por faltar-nos a ciência; não por falharem os trovadores, mas porque não se encontram os artistas.[40]

Porém, malgrado o ensejo para banir a meia dúzia de lugares-comuns românticos das questões relevantes a serem pensadas, o trabalho demolidor da crítica lançou mão, precisamente, de todos e cada um dos tópicos do romantismo acerca do tema da identidade nacional e reapropriou-se deles, desta vez invertendo seu sentido. Os índios, outrora portadores de raras qualidades, agora responsáveis por contribuições de pouca ou nenhuma valia; a natureza, outrora feraz, agora inclemente e adversa aos esforços civilizacionais; além do mais, seria preciso enfrentar a questão do negro, cuja importância ultrapassava de longe o problema dos índios. O próprio Sílvio Romero fora um dos porta-vozes desse pessimismo lancinante:

> O brasileiro ficou quase um retrato do português. A natureza, como agente de transformação, pouco há feito para alterá-lo, tendo a lutar contra a estreiteza do tempo e a civilização européia. O caboclo, tipo quase perdido [...]. O africano, rebelde aos progressos intelectuais [...]. Do consórcio, pois, de velha população latina, bestamente atrasada, bestamente infecunda, e de selvagens africanos, estupidamente indolentes, estupidamente talhados para escravos, surgiu, na máxima parte, este povo, que se diz, que se supõe grande, porque possui, entre outras maravilhas, "o mais belo país do mundo".[41]

Assim, a continuidade dos elementos consagrados no tema da identidade nacional pelo romantismo deu-se, mais uma vez, mediante mudança de registro. Não se trata apenas da recodificação das feições do ser nacional sob o signo da "ideologia do pessimismo" — segundo a chama Dante Moreira Leite —, que, como analisado acima, é menos homogênea do que sugere sua análise sem levar em consideração a tensão da qual forma parte. Trata-se, também, do novo estatuto outorgado a tais feições, isto é, da pretensão de validez científica do discurso que as constrói como obstáculos descobertos por diagnóstico objetivo, cuja veracidade encontra-se alicerçada na adaptação dos modelos da física e da biologia à reflexão das ciências humanas.

Embora a caracterização negativa do brasileiro continuara a se repetir ao longo das primeiras décadas do século XX, por vezes sem qualquer variação de importância, é o teor científico biologicista e naturalista — carregado de implicações raciais discriminatórias — que impede de atribuir a esse momento e a esse pensamento a origem da noção do *ethos* público e que, no limite, coloca a pertinência de se explicitar o sentido ambíguo atribuído, nesse contexto, à idéia de caráter brasileiro. A questão relevante é a seguinte: a matriz naturalista que organiza análises como a transcrita acima, cujos referentes mais conceituados encontram-se em autores contemporâneos como Lapouge e Gobineau, dispensa qualquer consideração da multiplicidade dos processos psicológicos presentes na definição da personalidade, pois tais processos apenas poderiam, se muito, amenizar as feições já inscritas no caráter da raça. É claro que nesse momento a personalidade não tinha conquistado a profundidade abissal consagrada na obra de Freud, que produziria sua primeira obra sistemática só na virada do século. O caráter é natureza, isto é, manifesta-se, sim, mediante os traços comuns da personalidade, mas responde aos imutáveis ditados da genética, prescrevendo comportamentos decorrentes do caráter da raça, e não de uma "personalidade coletiva" — personalidade que, no limite, é um compósito medíocre dos traços correspondentes aos diferentes elementos raciais envolvidos na sua conformação. Não fosse assim, resultaria incompreensível a importância programática atingida pela terapêutica do branqueamento. Contudo, nem sempre a noção de caráter recebeu o tratamento racial então imperante e, não raro nos mesmos autores, também apareceu vinculada à idéia unitária da uma psicologia comum — ecoando ainda teses caras ao romantismo e sua concepção do espírito do povo[42] — ou, às vezes, embora timidamente, relacionada a processos históricos responsáveis pela definição dos traços analisados — por exemplo, a escravidão como causa da indolência típica do negro.

8. A IDENTIDADE COMO SUBSTRATO CULTURAL E PSICOLÓGICO

É precisamente essa ambiguidade que faz com que as feições do caráter e da psicologia do ser brasileiro não adquiram ainda, *stricto sensu*, moldes culturais e psicológicos, o que constitui condição de possibilidade para o surgimento do *ethos* público. Malgrado o pessimismo "realista" da crítica contra-romântica ter estimulado azedas caracterizações da brasilidade, que continuaram a subsidiar tematicamente análises no decorrer das primeiras décadas do século XX, a origem do *ethos* público não pode responder apenas aos desafios colocados pelo horizonte de problemas aberto com o advento da Primeira República, visto que não estavam à mão, no terreno das perspectivas de abordagem disponíveis, modelos analíticos alternativos voltados para a especificidade da cultura ou da dimensão psicológica da vida social. Não que não existissem abordagens ditas sociológicas ou estudos sociais de psychologia — segundo a grafia da época —, ou ainda análises ditas antropológicas, voltadas à explicação da formação do Brasil, pois de fato existiram, e em abundância; todavia, tanto a "sociologia" como a "psicologia" e a "antropologia" eram informadas por idéias naturalistas e biologicistas, ou seja, eram ciências das determinações ambientais e raciais — tributárias da climatologia, da eugenia ou da antropogeografia.[43] Isto, sem esquecer a referência ideológica mais abrangente proporcionada pela doutrina positivista, cujos anseios de progresso, atrelados ao evolucionismo e ao cientismo, não raro traduziam-se em descaso pela realidade — apesar de sua confessa orientação "antimetafísica". O horizonte de problemas durante os conturbados anos da Primeira República continuou marcado pela necessidade de equacionar, a um só tempo, as mazelas herdadas pela escravidão e os rumos que a consolidação política do país deveria seguir. Entrementes, o trabalho da crítica foi se afastando dos esquemas explicativos de matriz naturalista e, principalmente, biologicista, quer como recusa ao ônus de suas implicações raciais, quer como depuração e incorporação parcial dos postulados raciais em quadros explicativos maiores e mais sofisticados, quer ainda como mudança de perspectiva analítica parcialmente vazada em argumentos naturalistas, mas em todos os casos, visando a compreensão da realidade nacional a partir da produção de um conhecimento que respondesse e se adequasse a sua especificidade.[44] Manuel Bonfim, Oliveira Viana e Paulo Prado são expoentes notáveis desse esforço de compreensão enraizada e do paulatino e também ambíguo afastamento da concepção naturalista da identidade.[45]

O pensamento de Manuel José do Bonfim é representativo da primeira opção — a contestação das implicações racistas — e evidencia de forma eloqüente a dificuldade de se escapar aos pressupostos das interpretações e idéias biologicistas criticadas quando não há possibilidade de se desprender dos modelos analíticos que as sustentam. Por outras palavras, Manuel Bonfim apresenta o paradoxo da crítica que repõe parcialmente o criticado por permanecer presa aos seus pressupostos; e nesse sentido, não é banal lembrar sua profissão de médico e a disposição para o uso de figurações biológicas, como atestado por seu recurso ao parasitismo enquanto caracterização crítica dos vínculos entre a metrópole e a colônia, primeiro, e do Estado com a nação, depois.[46] Em argüição contra a teoria das raças inferiores o autor arregimenta autoridades na matéria que, pela afinidade de posições, lhe permitem mostrar a legitimidade de suas idéias no campo do conhecimento científico:

> Waitz, Martin de Moussy e Quatrefages afirmam "que os mestiços são pelo menos iguais em inteligência aos seus progenitores de raça superior". Este último — Quatrefages — refere-se nos termos mais encomiásticos às sociedades sul-americanas, onde a mestiçagem teria, no seu parecer, desenvolvido qualidades apreciáveis [...] sobretudo no Brasil, onde, não existindo preconceito de cor, os mestiços têm podido desenvolver as suas aptidões e têm mostrado "uma decidida superioridade artística sobre as duas raças mães".[47]

Sem sombra de dúvida, o pensamento do autor representa uma ruptura com o ponto de vista dominante na época, ainda mais em um momento em que, segundo Dante Moreira Leite, "[...] os intelectuais só discordavam quanto às razões da nossa inferioridade como povo".[48] Para Bonfim, as características das raças erroneamente tidas como inferiores eram resultantes de uma socialização deficiente ou, no limite, "ausente": "Não são maus; são violentos, reflexos, espontâneos — por incultos e ignorantes; falta-lhes a inibição superior, fruto da educação"; ou ainda, "[...] estes defeitos todos são devidos simplesmente à falta de educação social. Ensinem-lhe a trabalhar, inspirem-lhe desejos novos [...] e o caboclo aceitará, e se habituará a trabalhar".[49] No entanto, na crítica às teorias raciais imperantes, Bonfim, apesar de seu empenho em trazer à tona os processos de socialização, acode aos argumentos disponíveis que, em última análise, levam mais uma vez à reificação da raça como fator com poder explicativo: há características próprias às raças e aos efeitos de sua miscigenação, embora passíveis de aperfeiçoamento por expedientes não-genéticos.

Por sua vez, Francisco Oliveira Vianna, no movimento de sua vasta obra, acabou realizando uma depuração de seus postulados raciais que, todavia, permaneceram preservados de forma cada vez mais moderada e inseridos em quadros explicativos maiores e mais sofisticados. Não que nesse percurso os argumentos do autor tenham se desvencilhado por completo das teses raciais, mas existe deslocamento perceptível entre *Populações meridionais do Brasil: História, organização, psychologia; paulistas, fluminenses, mineiros* (1918); *Pequenos estudos de psychologia social* (1921); *Evolução do povo brasileiro* (1923); *Raça e assimilação* (1932) — livros carregados de uma psicologia naturalista, ou seja, animada por determinações ambientais e raciais —, e o grande balanço final de seu pensamento, exposto em *Instituições políticas brasileiras* (1949), em cujas páginas realiza uma revisão de algumas de suas teses anteriores à luz do direito costumeiro e das contribuições das abordagens culturais, introduzidas no país na década de 1930.[50] Parece findo o tempo em que Oliveira Vianna suscitava reações iradas no pensamento prezado como progressista, levando autores de juízo normalmente sereno, como Dante Moreira Leite, a cometer arroubos críticos despropositados: "[...] esses livros tiveram várias edições e foram citados a sério como se representassem algo mais que a imaginação doentia de um homem que deve ter sido profundamente infeliz".[51]

Hoje é possível reconhecer que os trabalhos de Oliveira Vianna tiveram influência duradoura para além da órbita do pensamento autoritário,[52] revestindo de significado idéias e termos que, reapropriados por outros autores, continuaram a circular com signo parcialmente trocado — a tríade "clã feudal", "clã parental", "clã eleitoral"; a "família senhorial", o "nepotismo", o "afilhadismo", o "personalismo", a "aristocracia rural", a "solidariedade parental", o "insolidarismo", e o elenco poderia se estender.[53] A leitura mais instigante desses trabalhos levaria a depositar a tônica nos processos históricos e culturais, e por certo, há elementos para tanto: a identidade nacional não definida por determinismos naturais, senão pelo peso historicamente esmagador da vida rural, o que teria feito do brasileiro "um homem do campo" — e sendo *"este o traço realmente nacional do seu caráter"*,[54] a progressiva urbanização teria gerado certos desajustes que, em crasso equívoco, intérpretes pouco atentos acusariam como sintoma de decadência social e de corrupção da identidade.[55] Nessa leitura, também a vida pública encontraria diagnóstico no campo de uma psicologia alheia aos condicionamentos raciais: "Este é um dos traços mais característicos da nossa psychologia social [a inexistência do interesse coletivo] e, infelizmente, estamos muito longe de vê-lo desaparecer como elemento determinante da nossa conduta na vida pública".[56] Porém tal leitura, embora mais instigante, negligenciaria o aspecto que aqui interessa, isto é, a ambigüidade do pensamento de Oliveira Vianna, cuja interpretação da sociedade acode à existência de substratos psicológicos e culturais ainda parcialmente presos a uma matriz naturalista. Afinal, a ausência do interesse coletivo na vida nacional, para o autor, obedece a outra ausência, à de dois tipos de atributos abundantes em sociedades como a inglesa: o primeiro de índole biológica — "porque se prende ao temperamento da raça" — e o segundo de caráter moral, decorrente da formação social e política do povo.[57]

É com a publicação de *Retrato do Brasil — Ensaio sobre a tristeza brasileira* (1927),* obra breve e bela pela singeleza de sua articulação interna, que Paulo da Silva Prado ensaia uma interpretação estritamente psicológica da história do Brasil e dos dilemas de

*Cabe mencionar, em comentário marginal, o extraordinário trabalho de Carlos Augusto Calil — organizador da edição aqui utilizada — no estabelecimento do texto. Em virtude da utilização mais extensa da obra em questão, doravante será referida no corpo do trabalho com o número da página correspondente.

seu presente.⁵⁸ Não há características congênitas que explanem a configuração social do país, mas tensões entre *impulsos* decantados mediante longos processos históricos, cujos resultados se fixaram, primeiro, como traços dos indivíduos e, depois, mediante influência secular na vida social, como feições constitutivas da "psique nacional".⁵⁹ Destarte, a "psicologia da descoberta" não pode ser inferida a partir das características raciais inerentes às populações que concorreram para o povoamento dessas regiões, pelo contrário, tem de ser reconstituída no interior do processo da colonização. Representantes de um mundo que estava a se desvencilhar da rígida moral religiosa, a "Substituir à Obediência a Vontade individualista" (p. 54), os conquistadores encontraram nestas terras, longe da "Europa policiada", espaço para a libertação de sua mocidade e individualismo — particularmente, para a expansão de uma sensualidade livre. O primeiro grande impulso assim construído fora a luxúria, inferior ao segundo, causa da empreitada colonial e da expansão e retração dos núcleos de povoamento: a cobiça — ambição mais poderosa e ainda mais representativa das tendências individualistas da época. Assim, "Dominavam-no [ao colonizador] dois sentimentos tirânicos: sensualismo e paixão do ouro. A história do Brasil é o desenvolvimento desordenado dessas obsessões [...]" (p. 139). A conjugação dessas obsessões, todavia, acarretou surpreendente resultado: visto que ambos os impulsos são extenuantes devido à impossibilidade de saciá-los, à sua tenaz atividade sucedeu a tristeza. Paulo Prado resume a lógica desse paradoxo em formulação sintética, quase matemática: "Luxúria, cobiça: melancolia" (p. 142). O decurso dos séculos coloniais legara ao Brasil "uma raça triste", cujas feições só piorariam com o advento da sensibilidade romântica no século XIX, cabendo ao presente a difícil responsabilidade de cortar os liames com esse fardo. Diante de tamanho desafio, a revolução e a guerra parecem ser os únicos instrumentos suficientemente efetivos. Cumpre lembrar que o excelente acolhimento conquistado pelo livro de Paulo Prado deveu-se, em boa medida, ao fato de a Revolução de 30 ter coincidido com passagem do "*Post-scriptum*", na qual o autor afirma que o herói providencial, "[...] uma criatura das vicissitudes da guerra [,] será entre nós, numa longínqua possibilidade, quem sabe, um gaúcho do sul [...]" (p. 209).

Para os propósitos que aqui interessam, a singularidade da obra em questão não radica apenas no teor psicológico da análise, mas no fato de se encontrarem nela, de forma mais ou menos acabada, duas características imprescindíveis para a consolidação da lógica do *ethos* público. Com maior precisão, embora sejam perceptíveis em Paulo Prado claras incursões no modelo racial, a assunção de outra ótica — psicológica — gerou relevantes mudanças analíticas que, pouco depois e por caminhos diversos — que não necessariamente os da sempre apelável influência —, apareceriam estabilizadas como pressupostos na literatura tributária do *ethos* público. Em primeiro lugar, ao desmistificar as feições imutáveis da natureza racial, lançando mão do processo histórico de constituição do perfil psicológico do brasileiro, o autor propõe uma concepção da identidade nacional que, eis a questão, leva em seu cerne a cristalização de novo determinismo — embora desta vez pertencente ao mundo histórico-social. A despeito de o caráter nacional não ser simples emanação das leis naturais, os fatores que o determinaram vincaram tão fundo que, poder-se-ia dizer, definiram uma segunda natureza: "Desses excessos da vida sensual ficaram traços indeléveis no caráter brasileiro" (p. 139). Trata-se da "[...] filosofia de senzala, em maior ou menor escala latente nas profundezas inconfessáveis do caráter nacional" (p. 195). É claro que as óticas novas soem alicerçar sua visão em chaves explicativas novas, e que essas chaves, se inquiridas externamente, podem ser reputadas como mais um modo de determinismo; todavia, para além do caráter simplório desse tipo de crítica, o que é conveniente salientar é a reposição essencializada da identidade — mediante a definição de seus verdadeiros traços indeléveis —, cuja índole psicológica plurissecular a torna uma espécie de segunda natureza, avessa a qualquer modelagem pelo mundo das instituições políticas e quase hermética à mudança. Como será visto, essa primeira característica opera largamente na lógica do *ethos* público.

Em segundo lugar, a constituição de uma identidade assim acerada comporta conseqüências de interesse quanto à compreensão da vida e do espaço públicos e, portanto, do mundo da política. Tal reconstrução analítica permite discernir os elementos que forjaram as feições da sociabilidade primária de modo a colocá-la como pedra angular do universo das relações sociais e, por conseguinte, como fator iniludível para a compreensão da organização institucional da sociedade. De fato, na sociabilidade aviltada residiriam as causas profundas que explicam as deficiências da vida pública: é verdade que as paixões "[...] não conhecem exceções no limitado viver instintivo do homem [...]", muito embora "aqui se desenvolveram de uma origem patogênica provocada sem dúvida pela ausência de sentimentos efetivos de ordem superior" (p. 141). A "personalidade coletiva", repleta de determinações anti-sociais, extravasa, assim, os limites da sociabilidade primária e impregna e desvirtua toda possibilidade de constituição de relações impessoais — próprias da vida e do espaço públicos, logo, também do espaço institucional da política. A ineficácia da administração metropolitana pouco teria contribuído para mudar o quadro geral da vida na colônia e ocupa, na análise de Paulo Prado, a posição de um fator externo que acirra a dinâmica endógena de degradação estimulada pelo "caráter nacional": "Na desordem da incompetência, do peculato, da tirania, da cobiça, perderam-se as normas mais comezinhas na direção dos negócios públicos" (p. 202). Enfim, é como se a história da configuração da "psique nacional" — o relato a desvendar a intimidade da alma do brasileiro — fornecesse não apenas uma chave para se entender certos traços distintivos da sociabilidade local, mas a radiografia veraz do caráter acanhado ou francamente pervertido da vida pública no Brasil. A dedução de linhas mestras para a caracterização da vida pública, a partir do estabelecimento de uma sociabilidade fundamental psicologicamente ancorada, também se encontra presente de forma ampla na literatura do *ethos* público.

Porém falar em características compartilhadas pela literatura do *ethos* público, ou em traços que operam largamente na lógica analítica desse *ethos*, dista muito de imputar paternidade incontete a qualquer autor, cuja idéia seminal teria sido expandida e multiplicada por meio da obra de epígonos, críticos ou comentaristas imparciais. O percurso seguido até aqui leva a equacionar a questão em termos de continuidade e descontinuidade. De fato, uma parte da equação encontra-se já suficientemente esboçada, permanecendo de pé a questão da especificidade da origem do *ethos* público. De um lado, é claro que a busca das origens primevas escamoteia, sob a continuidade meramente formal do plano temático, a especificidade e as rupturas de sentido que animam a reapropriação e a recriação das idéias — sempre formuladas diante de um horizonte de problemas concretos. Do outro, ainda poderia ser pertinente se cogitar acerca da origem da descontinuidade e, portanto, acerca dos autores e obras responsáveis pela "ruptura". No agitado período em que se antecede e se acompanha a Primeira República, os desafios trazidos pela tensão — esboçada mais acima — entre a crítica pungente dos problemas da época e a elaboração construtiva das fórmulas que permitiriam encontrar saídas para a organização e a estabilização da nova ordem decerto estimularam a renovação do pensamento político-social, como mostram as críticas do pensamento autoritário à Constituição de 1891; contudo, esses desafios não podem ser constituídos em motivo suficiente para o abandono das explicações raciais sobre a identidade nacional, incompatíveis por definição com a lógica do *ethos* público. Os modelos sociológicos que focaram a atenção em dimensões da sociedade como a cultural, a psicológica ou a econômica, entraram decisivamente no pensamento político-social na década de 1930 — com o pano de fundo da revolução e da industrialização —, quando vieram à luz os célebres trabalhos de Gilberto Freyre (1933), Sérgio Buarque de Holanda (1936) e Caio Prado Júnior (1933).[60]

Os avanços disciplinares da antropologia, da psicologia e da sociologia forneceram as bases para reeditar o tema da identidade ou caráter nacional, cujos elementos puderam ser desvencilhados dos modelos raciais e reapropriados em novo registro. Na verdade, as explanações raciais resolviam com enorme economia de recursos um problema que não cessou de instigar, incomodar até, a teoria sociológica: se, no universo da física, a dinâmica da continuidade segue os ditames da lei da inércia, qual o princípio de causação equivalente no mundo social? Isto é, o que explica a continuidade do comportamento social, ou melhor, embora abstrato, qual o princípio de identidade diacrônica da sociedade? Desde a perspectiva racial e naturalista, a resposta é relativamente simples e bastante contundente: tudo decorre da influência contínua do ambiente e/ou está inscrito na legalidade da biologia, e por isso, o comportamento social pode ser moldado a partir da miscigenação dos ditames genéticos e, no limite, amenizado quanto a seus traços indesejáveis mediante a intervenção de fatores externos, como a educação. Tanto a antropologia, encetando o desbravamento da especificidade da cultura e das diferenças culturais, quanto a psicologia, desvelando a obscura legalidade e a compleição da estrutura psíquica, trouxeram à tona complexos universos de novas mediações sociais e consolidaram aparatos analíticos que introduziram outras categorias no lugar da "inércia biológica".[61] Não é fortuito que Gilberto Freyre afirmasse serem as casas-grandes "[...] até hoje onde melhor se exprimiu o caráter brasileiro; a *nossa continuidade social*".[62]

É bem sabido que, alicerçada no conceito de cultura, a antropologia realizou a crítica do conceito de raça de forma particularmente bem-sucedida e que a obra de Freyre é tributária direta dessa crítica, desenvolvida de forma relevante no trabalho de Franz Boas — o qual conheceu na Universidade de Columbia. Paradoxalmente, malgrado o fato de ter posto em xeque as pretensões explicativas e uniformizadoras dos argumentos raciais, a própria antropologia forneceu o ensejo para reformular a questão da identidade nacional em registro bem mais apurado, se não idôneo, o que impulsionou a empreitada de se apreender as culturas globais ou as culturas nacionais — Ruth Benedict e Margaret Mead produziram, estimuladas pelo contexto da Segunda Grande Guerra, algumas das obras mais representativas dessa empreitada: *The chrysanthemum and the sword — patterns of Japanese culture* (1946) e *And keep your powder dry — an anthropologist looks at America* (1942), respectivamente.[63] Por sua vez, a psicologia ou, de modo mais preciso, a psicanálise, alargou pouco a pouco seu escopo de reflexão, remontando a sistematização da prática clínica até atingir o patamar do que Sigmund Freud, ciente das conotações pretensiosas de sua escolha, chamara de metapsicologia. Essa derivação da psicanálise, segundo acreditava Freud, fornecia pela primeira vez a possibilidade do raciocínio especulativo ancorado no conhecimento empírico-científico, superando assim o caráter meramente intuitivo da filosofia.[64] A partir dessa ampliação inicial para além do comportamentalismo, a psicologia fez surpreendente incursão no campo das humanidades, no qual, além de introduzir novo registro para se pensar nos problemas sociais como condicionados pelas características constitutivas da psique coletiva, estimulou volumosa produção que viria configurar o *corpus* da literatura especializada em psicologia social. O trabalho clássico de Theodor Adorno, *A personalidade autoritária* (1950), constitui, sem sombra de dúvida, uma obra-prima dessa copiosa e desigual literatura, que também difundira sua presença pela América Latina. Cabe então frisar que, na primeira metade do século XX, especialmente a partir da terceira década, parte das reflexões sobre a especificidade do ser brasileiro insere-se no movimento internacional dos padrões de conhecimento de vanguarda aceitos, isto é, partilha do instigante momento da assimilação da psicologia dentro do arcabouço conceitual das ciências sociais — contando para isso com forte tradição temática local, bem munida de tipos e caracteres prestes a ser reapropriados. Longe de ser mero trabalho mecânico de importação de idéias, conformado com aquilo que havia tempo tinha sido amplamente criticado como bovarismo da vida nacional, tratou-se de seminal esforço de renovação do pensamento, de um "sopro de radicalismo intelectual e análise social que eclodiu depois da revolução de 1930" — para dizê-lo com as palavras de Antonio Candido.[65] Se em ambos os casos, o da antropologia e o da psicologia, a importância de seu impacto na redefinição dos padrões de conhecimento decorreu do fato de revolucionarem o estado da arte, não é possível atribuir igual valor à repetição extemporânea das formulações surgidas nesse contexto. Isso trará conseqüências relevantes na elucidação da forma pela qual o *ethos* público continua a ser reproduzido hoje na literatura.

Em suma, os novos aportes da antropologia e da psicologia foram incorporados para equacionar de modo mais satisfatório e nuançado a questão da identidade: a permanência diacrônica de certas feições que configuram a identidade encontrou veículos de transmissão adequados na cultura e no caráter — entendido a rigor como estrutura de índole psíquica. Trata-se, para dizê-lo dentro do arcabouço de mudanças conceituais operadas na obra de Gilberto Freyre, da instituição da diferença entre raça e cultura e de seu desdobramento na distinção entre "hereditariedade de raça" e "hereditariedade de família".[66] É precisamente a partir da incorporação e consolidação de tais categorias veiculadoras da continuidade que se firmou uma concepção propriamente psicológica e cultural da identidade nacional, cujos traços decerto absorveram, em termos de reapropriação, elementos oriundos do secular tema da brasilidade. Entretanto, tal continuidade oculta, mais uma vez, relevantes mudanças de sentido no uso da concepção de identidade, não mais interpretada em registro racial ou naturalista, nem apenas como a condensação da impotência e dos empecilhos enraizados que obstavam as transformações necessárias para a modernização do país. Nos autores que pensaram o Brasil diante do horizonte aberto pela Revolução de 30, a identidade é a um tempo virtude e defeito, compósito decantado no decorrer de longos processos históricos que, incorporado cultural e psicologicamente, caracteriza de forma mais ou menos unitária o conjunto da população — não as raças ou certas camadas. Por isso, a identidade é, em tese, passível de mudança mediante o efeito vagaroso das tendências socioeconômicas de longo prazo.

A percepção da identidade nacional, assim concebida, consolidou-se e generalizou-se de tal maneira que até um autor como Caio Prado, insuspeito de qualquer essencialização cultural ou psicológica, concordara com ela: "Uma tal atitude da grande maioria, da quase totalidade da colônia em relação ao trabalho, de generalizada que é, e mantida através do tempo, acabará naturalmente por se integrar na psicologia coletiva como um traço profundo e inerraigável do caráter brasileiro".[67] Os trabalhos mais notórios e que maiores repercussões tiveram na redefinição da questão da identidade nacional e, por conseguinte, na criação do *ethos* público, foram, é claro, o clássico, quanto à estética sóbria e ao conteúdo, *Raízes do Brasil*, de Sérgio Buarque de Holanda, e a tetralogia incompleta de Freyre, *Introdução à história da sociedade patriarcal no Brasil*. A saga de Freyre é integrada por *Casa-grande & senzala — Formação da família brasileira sob o regime de economia patriarcal* (1933), *Sobrados e mucambos — Decadência do patriarcado rural e desenvolvimento do urbano* (1936) e *Ordem e progresso* (1959); não fora realizado o projeto de escrever o quarto volume intitulado *Jazigos e covas rasas*.[68] A um tempo, no corpo das obras de ambos os autores estimulara-se a renovação do pensamento político-social e condensara-se de forma extremamente apurada os tipos de transformações e inquietações que animavam a multiplicação de tentativas para explicar o Brasil. Ainda mais, para além da pertinência histórica, acadêmica ou disciplinar das idéias e teses aí exploradas, e com independência das críticas parciais ou de francas refutações trazidas à tona durante décadas pela proliferação dos estudos sociais e pela especialização do conhecimento, é fato que o efeito de ambos os trabalhos atingira a proeza de contribuir de forma decisiva para cristalizar, com surpreendente velocidade, modos de se organizar o pensamento acerca da nação e do Estado — com diversos desdobramentos: integração social e democracia, sociedade e poder, cultura e política, tradição e modernidade, privado e público. No que diz respeito à problemática englobada nesse último binômio — público/privado —, consolidara-se um modo de apreendê-la e equacioná-la a partir da lógica analítica do *ethos* público. De fato, esses modos, embora aparentemente esquecidos ou apenas suscitados nos elencos da história das idéias, sobrevivem ainda hoje e continuam a informar os pressupostos de muitas análises que se acreditam isentas de qualquer influência do belo, "ultrapassado" e controverso ensaísmo desses autores. Sem dúvida foram constituídos modelos de pensamento, e é isso que define a vitalidade de tais obras, em que pesem as revisões críticas demasiadamente confortáveis que, não raro e esquecendo o contexto, julgaram os conteúdos dos textos ora por meio do crivo da pertinência empírica — burilada e fixada por décadas de produção acadêmica —, ora por sua adequação ou inadequação às teorias e convicções políticas do presente.

III. A RAPSÓDIA DO
   ETHOS PÚBLICO

9. O NÚCLEO E AS VARIAÇÕES
   DOS ARGUMENTOS

PARA ABORDAR O SURGIMENTO e a rápida consolidação do *ethos* público, enquanto modo de se organizar o pensamento acerca da relação entre o público e o privado no país, é pertinente alargar o escopo e contemplar outros trabalhos notórios da época, visando reconstituir a reprodução e difusão de certo padrão lógico de análise. Trata-se antes da reconstrução de uma espécie de sistema de ressonância, no qual ecoa e se reproduz a lógica do *ethos* público, do que de um empenho de exegese. De fato, as teses que em Gilberto Freyre e Sérgio Buarque de Holanda resultavam dignas de polêmica e, por isso, merecedoras de argumentação pormenorizada ou de provas reputadas convincentes, em menos de uma década tornaram-se premissas de trabalhos e autores contemporâneos, quer para a apreensão de outros problemas, quer para o aprofundamento de suas conseqüências. Os trabalhos a serem contemplados representam essas duas opções. A primeira obra, de Nestor Duarte (1939), apesar de submetida a estranho esquecimento, constitui referência obrigatória porque devotada na íntegra ao exame do *ethos* público, ou melhor — na terminologia de Duarte —, ao exame da estruturação nacional da política sob o jugo do patriarcalismo.[1] Trata-se da elaboração dos saldos políticos do "familismo", que embora de corretíssima formulação em Gilberto Freyre e em Sérgio Buarque de Holanda — segundo o próprio autor —, teria permanecido preso nos lindes de "uma história social íntima" ou do "problema cultural Brasileiro".[2] Quanto ao segundo caso, não obstante serem algo extemporâneos e, nessa medida, parcialmente deslocados do debate da década anterior, os três volumes da alentada obra de Fernando de Azevedo, *A cultura brasileira — Introdução ao estudo da cultura no Brasil* (1943), são menos um esforço de aprofundamento das idéias cristalizadas nos livros de Gilberto Freyre e Sérgio Buarque de Holanda — assumidas sem maiores reparos —, do que uma ambiciosa empreitada monográfica dirigida à sistematização histórica do estado da cultura no país — segundo a acepção clássica e restrita do termo.[3]

É claro que no percurso da década de 1930 e no começo dos anos 1940 vieram à luz outros trabalhos voltados para a reelaboração do problema da identidade nacional e suas implicações políticas, e a despeito de terem gerado efeitos menores a longo prazo, quer pela menor fortuna de sua recepção pela crítica, quer por suas qualidades inferiores ou por outras razões, eles sem dúvida exprimiram preocupações mais ou menos semelhantes e contribuíram na configuração do ambiente de renovação intelectual do momento. Sem pretensões de arrolar um elenco exaustivo é possível mencionar, entre outros, os seguintes autores que contribuíram para difundir e fixar o novo olhar sobre a questão da identidade nacional: Tristão de Ataíde, *Traços da psicologia do povo brasileiro* (1934);

Azevedo Amaral, *O Brasil na crise atual* (1934); Alfredo Ellis Jr., *Populações paulistas* (1934); Manuel Bonfim, *O Brasil* (1935); Afonso Arinos de Melo Franco, *Conceito de civilização brasileira* (1936); Artur Ramos, *Introdução à psicologia social* (1936); Milton Silva Rodrigues, *Educação comparada — O Brasil, o povo e sua índole* (1938).[4] Contudo, a compreensão do *ethos* público deve ser formulada e resolvida no terreno conceitual, constituindo analiticamente como problema a própria existência dessa noção, cuja lógica dista de ser um simples dado posto pela sucessão de autores e obras alinhados com esmero monográfico. O esforço de conceituação visa contornar o risco, tão próprio de certa história do pensamento, de ocultar o problema pelo exercício de nomeação das idéias. Nesse sentido, não há — é pertinente enfatizá-lo de novo — nenhuma possibilidade de definir a paternidade do *ethos* público, pois além de emergir apenso no corpo de uma discussão muito maior acerca da identidade nacional, não aparece propriamente como tal nos textos dos autores que intervieram nesse debate. Freyre utiliza de forma explícita o termo *ethos* como sinônimo de caráter ou de traços permanentes da cultura, sendo possível se falar em *"ethos* nacional", *"ethos* brasileiro", *"ethos* do povo", *"ethos* lusitano" e outros *ethos*;[5] porém, não há nenhuma menção ao *ethos* público, pois, conforme argumentado nestas páginas, ele constitui uma peculiaridade apensa ou derivada do *ethos* ou identidade nacional — é manifestação do ímpeto do privado e de sua obra edificadora que, indiretamente, rarefaz o espaço vital do público condenando-o à exigüidade. Assim, o *ethos* público constitui um recurso analítico para isolar, apreender e caracterizar em sua especificidade um modo de explicação de larga presença, que de outra maneira teria de ser chamado de forma demasiado imprecisa de culturalismo ou psicologismo aplicado à interpretação do espaço público no Brasil.

Pois bem, o *ethos* público só adquire cabal sentido no contexto analisado na seção anterior, quer dizer, vinculado de forma inextricável à força da identidade nacional concebida como uma construção histórica secular, cuja estrutura se fez em códigos culturais e psicológicos aos quais responde o comportamento dos indivíduos. À manifestação e à operação do *ethos* público não apenas subjazem os constrangimentos onipresentes da cultura e da psicologia coletiva, senão que são complexos corporalizados — nos sujeitos singulares — de disposições para se agir no mundo e para representá-lo. Na verdade, ele responde a outra cristalização ideológica de muito maior envergadura que engloba e dirige esses constrangimentos e que, portanto, também o subordina. Trata-se da existência de um *ethos* superior, a brasilidade, atrelado ao mito de origem da nação e da identidade nacional, cujo avesso é, precisamente, o *ethos* público. Com maior precisão, a leitura do espaço público a partir do *ethos* é apenas, como será mostrado logo a seguir, a tradução da idiossincrasia da sociabilidade nacional — essencialmente privatista, patrimonialista, personalista, rural, familiar, agnatista ou patriarcal, rememorando suas denominações mais usuais —, para um terreno menor: o da vida pública. Nessa leitura, tudo se passa como se um mundo, cuja nota distintiva é sua organização integral sob égide do privado, tivesse produzido a subsunção do público, tornando-o uma projeção do privado: a cidade um mero apêndice da fazenda, a vida pública uma simples transposição da sociabilidade familiar, e a política uma ferramenta de açambarcagem na mão dos poderes patriarcais. Em outras palavras, a análise da vida pública como sociabilidade regida pelo *ethos* leva a propor a conclusão iludível da absorção do mundo das relações impessoais dentro da teia hierárquica das relações privadas — ora protetoras, ora iníquas. O privado seria, então, reposto permanentemente sob uma roupagem pública que oculta a continuidade essencial entre ambos.

A consolidação do *ethos* público como modo de organização do pensamento independe de uma linha de argumentação única ou de qualquer forma de exposição a rigor sistemática: como se fosse uma rapsódia, sua cristalização produz-se a partir de variações em torno do núcleo conceitual recém-formulado. Cumpre esclarecer que tal formulação, embora fiel nos traços principais, é estilizada e não necessariamente corresponde ponto por ponto com o pensamento dos autores assinalados. Ainda mais, da existência de elementos iguais ou semelhantes nos textos de Freyre, Holanda, Duarte ou Azevedo não é possível inferir nenhum significado homogêneo no interior das respectivas obras, particularmente se considerada a inserção do *ethos* nas preocupações maiores desses autores — seja com a questão da identidade nacional e do futuro do país em face das mudanças de longo prazo em sua estrutura econômica, política e social (no caso dos dois primeiros); seja com o descompasso entre a existência paradoxal de vigorosa civilização nacional combinada com o descaso pelo mundo da cultura (Azevedo), ou com a continuidade dos empecilhos a emperrarem a constituição e desenvolvimento da política e do Estado modernos (Duarte).

Sem transgredir essas ressalvas, a "montagem" que levara à consolidação do *ethos* público é passível de reconstrução analítica graças ao fato de as variações se reportarem ao mesmo núcleo conceitual de forma não contraditória, operando uma contínua reposição de argumentos por caminhos não muito diversos e, por vezes, bastante parecidos. Diferentemente da rapsódia — na qual as variações encontram na relação com a peça escolhida o expediente específico de sua constituição —, o núcleo que define o *ethos* público não preexiste a suas próprias variações, mas é criado por elas e apenas por sua intermediação atinge certo adensamento conceitual. A ênfase nas variações e, portanto, na semelhança entre autores pode suscitar surpresas. Sem dúvida é possível realizar uma leitura que enfatize a oposição, e não a confluência entre o pensamento de Freyre e de Sérgio Buarque e, de fato, não raro esses autores recebem tratamento muito distinto.[6] É pertinente, todavia, se ressalvar dos riscos das leituras retroativas que soem interpretar as obras em questão a partir da trajetória política — deveras divergente — de ambos os autores, pois nem sempre é claro que as abordagens que enfatizam as discrepâncias acudam apenas ao corpo dos textos. Particularmente no que diz respeito ao *ethos* público, segundo será visto logo, há amplas semelhanças e não poucas coincidências pontuais.

Para empreender a reconstrução da lógica do *ethos* convém proceder salientando, quer dizer, abstraindo, os principais passos no itinerário dos argumentos que, nos autores mencionados, levam indiretamente à *dedução* simultânea desse *ethos* e de suas características. Primeiro, ao se abrir mão dos diagnósticos apoiados em critérios naturalistas, faz-se imprescindível colocar no centro o novo veículo da continuidade social, a saber, a tradição cultural — especificamente a tradição lusa. Nesse ponto, seja dito de passagem, Freyre tem sido surpreendentemente injustiçado, pois malgrado as inúmeras páginas por ele dedicadas à análise dos condicionamentos sociais negligenciados pelas teses raciais, atribui-se-lhe com freqüência a pecha essencialista da miscigenação — em sentido racial e não cultural. Segundo, é preciso não apenas valorizar os aspectos positivos dessa tradição, mas desvendar seu conteúdo e equacioná-lo como a matriz a partir da qual foram definidas as linhas primordiais da identidade do Brasil. Terceiro, tal matriz é ainda insuficiente para compreender o país, pois ela fora submetida ao avatar das três centúrias coloniais, e nesse percurso sofrera importantes transformações que acabaram por definir as feições mais ou menos originais da sociedade nacional — que assim chegara ao século XX devedora da uma herança rural plurissecular. Por fim, a questão crucial para se refletir lucidamente no presente não é a continuidade desse legado, mas sua inevitável metamorfose que, impulsionada com vagar pelos processos de urbanização e de restrição e abolição do trabalho escravo, fizera enveredar o país para uma *transição* complexa, cujas vicissitudes ainda estariam em curso e cuja realização, se bem-sucedida, poderia fadar o *ethos* público à extinção — eis a questão medular. Esse passo no itinerário esboçado eventualmente cancelaria toda pertinência na reprodução da lógica analítica do *ethos*; entretanto, tem sido empalidecido — negligenciado até — tanto pelas leituras atentas apenas para o registro da continuidade nas obras de Gilberto Freyre e de Sérgio Buarque de Holanda aqui contempladas, quanto pela literatura que continuou a abrevar na noção do *ethos* público.[7] No itinerário assim configurado, o primeiro passo é ponto de partida para a edificação das interpretações, e o segundo estabelece as diretrizes de "longa duração" que perpassaram a organização da sociedade colonial, mas apenas no terceiro e quarto passos configura-se nitidamente a lógica do *ethos* público. Por isso serão analisados de forma mais minuciosa.

10. Os primeiros passos do itinerário

Ao resgate da tradição subjaz forte convicção que deitou raízes na historiografia brasileira: a chave da identidade do Brasil-nação, o segredo de sua anatomia, encontra-se na configuração da sociedade colonial, cuja correta compreensão tem de ser norteada pela busca dos principais componentes que a determinaram. A centralidade da tradição cultural lusa no pensamento de Sérgio Buarque e Freyre — também assumida por Duarte e Azevedo —

baliza de forma múltipla os flancos de suas rupturas com o pensamento da época. Em primeiro lugar, a afirmação dessa importância, por vezes veemente, desloca de forma definitiva o foco para os fatores sócio-históricos. A respeito, a belíssima abertura de *Raízes do Brasil* não poderia ser mais enfática: "[...] somos ainda hoje uns desterrados em nossa terra" (p. 31). De fato, conclui o autor no último parágrafo do mesmo capítulo: "Podemos dizer que de lá nos veio a forma atual de nossa cultura; o resto foi matéria que se sujeitou bem ou mal a essa forma" (p. 40). A elucidação da identidade conta, assim, com novo programa de reflexão, pois se a nação é apenas uma forma particular da civilização ibérica, como afirma Azevedo, "[...] compreende-se quanto interessa, para compreender o fenômeno brasileiro, ligá-lo constantemente à sua *fonte fundamental* [...]" (CB, p. 43). Ainda mais contundente, Duarte acredita que o Brasil constituiu um espaço de reprodução aprimorada e mais autêntica de certos traços da herança lusa, e por isso afirma que o ensejo da edificação civil e política da colônia "Foi em que Portugal continuou mais português no Brasil" (OP, p. 2).*

Em segundo lugar, contra as críticas "irrefletidas" ou pouco ponderadas do legado luso-colonial, à maneira do discurso autoafirmativo do romantismo, dos abolicionistas ou, na virada do século, da lusofobia presente em autores como Manuel Bonfim, opera-se uma espécie de dignificação das qualidades extraordinárias que — do lado de um rosário de atrocidades e de francas deficiências — teriam caracterizado o temperamento português e a empreitada colonial.[8] Afinal, malgrado a inclemência do clima e a hostilidade do ambiente, "[...] os portugueses e seus descendentes imediatos

---

*Nesta seção, pela referência contínua às obras em análise no próprio corpo do texto, são utilizadas as seguintes abreviações: *Casa-grande & senzala* (CG&S), *Sobrados e mucambos* (SeM), *Raízes do Brasil* (RdB), *A cultura brasileira* (CB), *A Ordem privada e a organização política nacional* (OP).

foram inexcedíveis. Procurando recriar aqui o meio de sua origem, fizeram-no com uma facilidade que ainda não encontrou, talvez, segundo exemplo na história" (RdB, pp. 46-7). O argumento da precariedade das condições nas quais se realizou a empreitada colonial também aparece em Freyre como a razão que "[...] dá à colonização dos portugueses um caráter de obra criadora, original, a que não pode aspirar nem a dos ingleses na América do Norte nem a dos espanhóis na Argentina" (CG&S, p. 112). Contudo, tanto em Sérgio Buarque como em Freyre, a revalorização dessas qualidades dista muito da simples apologia, visando estabelecer o pólo "positivo" das tensões que articulam a matriz cultural lusa. É comum serem atribuídas a Freyre intenções encomiásticas, embora sejam bastante azedas suas críticas à "tradição pegajenta de inépcia, de estupidez e de salacidade" do português (CG&S, pp. 356 e ss.).[9]

Por último, disputa-se a forma correta de interpretar o legado luso, o que no quadro das mediações analíticas de cada autor equivale a se posicionar na redefinição das interpretações do Brasil contemporâneo. Defronte dos diagnósticos que, propugnando por um retorno à boa tradição — como Oliveira Vianna —, localizavam a fonte dos problemas nacionais na exterioridade, formalidade e outros descomedimentos das instituições e política republicanas, introduziu-se mais um deslinde acerca da própria idéia de tradição. Pois "A falta de coesão nacional em nossa vida social não representa [...] um fenômeno moderno. E é por isso que erram profundamente aqueles que imaginam na volta à tradição, a certa tradição, a única defesa possível contra nossa desordem" (RdB, p. 33). Freyre é bem mais explícito ao disputar o sentido da tradição lusa:

> A suposição [...] pode tachar-se de extremada, pecando [...] Oliveira Vianna [...] ideou um Brasil colonizado em grande parte e organizado principalmente por dólicolouros. Pesquisas mais minuciosas [...]

tendem a revelar que a colonização no Brasil se fez muito à portuguesa [...]. Nela não terão predominado nem morenos nem louros [...] nem aristocratas como imaginou o arianismo quase místico de Oliveira Vianna (CG&S, pp. 398-99).[10]

Uma vez restituída a importância do legado luso e estabelecido seu estatuto de condição onipresente na formação da identidade nacional, o seguinte passo no itinerário acima delineado é inquirir pelo conteúdo específico dessa tradição — cujas forças apenas podem atuar no longo prazo se cristalizadas e veiculadas na cultura e na psicologia, ora sob a forma de complexos, ora sob a forma de tipos ou de "[...] hábitos e tendências mentais 'suficientemente persistentes e suficientemente gerais'" (CB, p. 204). Isso se traduz em uma pergunta em aparência inócua, mas que leva no cerne da resposta o germe do *ethos* público: quem é o português que realizou a colonização ou, melhor, quais os traços principais de seu caráter ou da cultura ibérica da qual, segundo idéia partilhada por esses autores, ele forma parte? Para Sérgio Buarque de Holanda, o complexo cultural a definir o português é um só: a cultura da personalidade ou *personalismo*, expressada em certa ética de fidalgos e com um desdobramento de conseqüências fundamentais, a saber, a ética da aventura encarnada no tipo do *aventureiro*. A cabal compreensão do personalismo e da ética da aventura apenas é possível à luz de sua tensão constitutiva, de sua oposição aos pólos — por sinal modernos — da cultura do individualismo e da ética do trabalho. Assim, a primazia do personalismo implica o império dos vínculos afetivos, o domínio da esfera das relações pessoais animada pela lógica da reciprocidade e da dependência — por isso a ética de fidalgos: filho d'algo — sobre o indivíduo, ente abstrato, e sobre as formas coesas e de hierarquia funcional de organização da vida social. Organização que, decerto, pressupõe a implantação do princípio da solidariedade, alicerçado no reconhecimento das afinidades de interesses — também de índole abstrata.[11] No espaço reservado por Sérgio Buarque para introduzir digressões sem romper a unidade estilística do texto, particularmente na terceira nota ao capítulo quarto — "O semeador e o ladrilhador" —, sua posição é mais enfática do que no próprio capítulo:

> [...] o que principalmente os distingue [o português e o espanhol] é, isto sim, certa incapacidade que se diria congênita, de fazer prevalecer qualquer forma de ordenação impessoal e mecânica sobre as relações de caráter orgânico e comunal, como o são as que se fundam no parentesco, na vizinhança e na amizade (RdB, p. 137).

Por sua vez, a ética da aventura não é apenas uma qualidade dentre outras, igualmente merecedoras de tratamento tipológico, mas o desdobramento do personalismo no que diz respeito à relação do homem com o mundo; relação mediada pelo trabalho *lato sensu*, ou seja, pela atividade de transformação e apropriação da natureza. Afinal, é da empreitada colonial que se trata. O aventureiro, com sua relação perdulária com a natureza e sua voracidade de ganho fácil, leia-se, com sua precária ética do trabalho, podia edificar uma sociedade rural, mas não agrícola, cujo desenvolvimento requer outros atributos que ele não possui: a presença de organização e "genuína" cooperação, não de prestância; de predisposição à competição, não à rivalidade; de constância, não de audácia (RdB, pp. 49, 59-61).[12] Curiosamente, embora no texto de Freyre haja espaço para aceitar quase em sua totalidade as feições decorrentes de tal concepção, ocorre que elas são pertinentes apenas para descrever o português transformado pelos efeitos da expansão ultramarina e, particularmente, pelos desafios da colonização no trópico, não correspondendo, portanto, à alma agrária da tradição lusa[13] — ainda não deturpada pela empresa mercantil. "Engana-se, a nosso ver, quem supõe ter o português se corrompido na colonização [...]. Comprometeu-o [...] a vitória, no próprio reino, dos interesses comerciais sobre os agrícolas" (CG&S, p. 431). Contudo, o fulcro da identidade nacional lusa não reside nessas características já corrompidas, mas — não por um acaso, em se tratando de Freyre — no prodigioso equilíbrio do "luxo de antagonismos" intervenientes na idiossincrasia portuguesa, amálgama de influências mouras, judaicas e ibéricas:

> Portugal acusa em sua antropologia, tanto quanto em sua cultura, uma grande variedade de antagonismos, uns em equilíbrio, outros em conflito. Esses antagonismos em conflito são apenas a parte indigesta da formação portuguesa: a parte maior se mostra harmoniosa nos seus contrastes, formando um todo social plástico, que é o caracteristicamente português (CG&S, p. 373).

11. A RACIONALIDADE DA AÇAMBARCAGEM

A silhueta do *ethos* público insinua-se já na formulação da herança lusa, todavia, é apenas no seguinte momento, na análise dos processos de adaptação e transformação inerentes à edificação da sociedade colonial, que se definem com plenitude suas feições, *deduzidas* como conseqüência subordinada ao primado dos traços patriarcais e privatistas da identidade nacional. A despeito das diferenças de interpretação acerca da civilização ibérica — recém-referidas — e da especificidade e índole original e única ou meramente derivada, e portanto incompleta, da cultura que aqui arraigara, há interessante convergência entre Gilberto Freyre e Sérgio Buarque de Holanda quanto às características do *ethos* público — replicadas sem mudanças nem reparos por Azevedo e exploradas com maior detalhe por Duarte, embora sem acréscimos substantivos. No contexto geral da expansão marítima mercantil em busca de mercadorias agrícolas — portanto, ainda não subordinadas à lógica da industrialização —, o que aqui vingara, na ausência inicial do Estado e de qualquer aparato administrativo, e na presença da adaptabilidade e do personalismo lusos, é uma civilização de raízes rurais, senhoreada pelo poder aglutinante e quase onipotente das grandes famílias patriarcais, em cujas órbitas suseranas articularam-se como universo coerente, embora regionalmente fragmentado, o conjunto das relações sociais no econômico, no político e no social. Com efeito, "[...] a psicologia da classe dominante sob o regime patriarcal [...] se impôs de tal maneira e tão fortemente na sociedade que ela acaba por dar o tom a toda a vida social [...]" (CB, p. 168).[14] Tutelada pelo senhor com sua "iniciativa impetuosa" — "desbragada" até —, a casa-grande e sua contrapartida no âmbito do domínio, a senzala, simbolizam por antonomásia, em Freyre, esse universo social atrelado à economia latifundiária e ao trabalho escravo. O sucesso econômico e social da família patriarcal, atestado pelo fato de seus vínculos tutelares terem se alastrado até constituírem o modelo da organização política nacional — impondo sua lógica aos poderes régio e eclesiástico —, trouxe, no entanto, conseqüências perniciosas que, obviamente, vincaram fundo na vida política do país: mandonismo, abusos e violências autocráticos e desmandos privatistas. Nas palavras de Freyre,

> [...] só poderia resultar no que resultou: de vantajoso, o desenvolvimento da iniciativa particular estimulada nos seus instintos e posse de mando; de maléfico, a monocultura desbragada. O mandonismo

dos proprietários de terras e escravos. Os abusos e violências dos autocratas das casas-grandes. O exagerado privatismo ou individualismo dos sesmeiros (CG&S, p. 439).[15]

A reflexão de Sérgio Buarque de Holanda é mais eloqüente ao esmiuçar as seqüelas indesejáveis acarretadas pelo "predomínio esmagador do ruralismo". Esse predomínio instaurou o império do Brasil tradicional, ou seja, patriarcal, sobre o Brasil racional ou urbano; do espírito de facção sobre o interesse geral; da visão regional e limitadamente paroquial sobre a compreensão citadina e cosmopolita das coisas; do corpóreo e sensível, dos sentimentos e lealdades sobre o abstrato e intangível, sobre os interesses e as idéias; da teia hierárquica das relações familiares, ou seja, da pessoa, sobre a trama igualitária do direito, isto é, do indivíduo; da imaginação ornamental sobre o empenho e esforços práticos; da linha curva, enlaçada de forma caprichosa com a paisagem no traçado das cidades, sobre a geometria uniformizadora da linha reta; da rotina sobre a antecipação; da imprevidência sobre o rigor do método; enfim, do complexo universo de valores, práticas, instituições e interesses patriarcais sobre a incipiente emergência de formas de vida modernas, de tendências urbanas e democráticas no econômico, no político e no social. Particularmente no que diz respeito ao âmbito político, suas feições aparecem marcadas pela fatalidade de receber determinações fundamentais de uma sociabilidade familística, e portanto pré-política, o que leva a caracterizar o espaço público enquanto emanação desse universo de práticas e valores culturais familiares, isto é, também de forma pré-política, como sociabilidade ou mero *ethos* público:

> O quadro familiar torna-se, assim, tão poderoso e exigente, que sua sombra persegue aos indivíduos mesmo fora do recinto doméstico. A entidade privada precede sempre, neles, a entidade pública. A nos-

talgia dessa organização compacta, única e intransferível, onde prevalecem necessariamente as preferências fundadas em laços afetivos, não podia deixar de marcar nossa sociedade, nossa vida pública, todas nossas atividades [...]. O resultado era predominarem, em toda a vida social, sentimentos próprios à comunidade doméstica, naturalmente particularista e antipolítica, uma invasão do público pelo privado, do Estado pela família (RdB, p. 82).[16]

Em suma, seria possível dizer que o império do patriarcalismo termina por definir muito mais do que certas constantes da interação social, da sociabilidade, atingindo o estatuto de princípio de estruturação social, cuja notável coerência lógica opera, de fato, como uma espécie de racionalidade — quase um logos — da açambarcagem: "[...] apropriação do impessoal pelo pessoal, do abstrato pelo concreto, do objetivo pelo subjetivo, do coletivo pelo particular, do público pelo privado".[17]

A inconteste primazia do pessoal, do concreto, do subjetivo, do particular e do privado está longe, todavia, de definir um estado de desordem ou dissolução social, pois, na verdade, "[...] a sociedade colonial tem [...] uma outra organização sólida [não a pública ou política], indestrutível, que é sua própria estrutura de base — a ORGANIZAÇÃO PRIVADA" (OP, p. 61).[18] Uma vez assente tanto a onipresença do familismo, como base da estruturação social sobre a organização privada, quanto o fato de essa forma de estruturação social conferir ao poder institucional do Estado uma lógica também eminentemente privada — que lhe usurpa os deveres de sua função política —, Duarte se debruça sobre a especificidade da sociedade política assim construída. Se a gênese e vigor da ordem rural é sociocultural — família patriarcal e *ethos* público —, sua perpetuação apenas pode ser compreendida de forma cabal se considerada a dimensão política, isto é, a ausência de outros vínculos sociais de envergadura, que não os patriarcais, capazes de alicerçar uma sociedade política ampla, em cujo seio fosse impossível o monopólio faccioso do poder da representação política e da gestão governamental. Em Duarte, seguindo o pensamento de Oliveira Vianna, o dilema nacional é a inexistência do povo político, o que constitui óbice incontornável para a institucionalização do império geral da lei e da autonomia do poder do Estado. Instituíra-se o Estado, formalizara-se a administração da coisa pública, unificara-se o território nacional e pacificaram-se aos insurrectos, entretanto, para isso o Estado teve de se apoiar nos poderes "feudais" e se aliar à classe patriarcal, condenando-se à não-intervenção nos domínios daqueles e a uma existência inorgânica e carente de efetividade. Nesse diagnóstico, o *ethos* público aparece pressuposto e reproduzido; no entanto, sua lógica é alargada e parcialmente transbordada na medida em que a análise fixa a especificidade da política e das práticas de afirmação de interesses das classes que constituem a própria política com determinadas características — essa especificidade, aliás, adquiriria destaque no pensamento de autores posteriores como Victor Nunes Leal e Raymundo Faoro.[19]

Na verdade, é inexato expressar que a realização dos interesses particulares constitui a política, pois em Duarte ela é compreendida com forte conotação deontológica, correspondendo apenas ao âmbito universal do Estado — onde deve ser dirimido o interesse geral da sociedade. A luta pela afirmação de benefícios parciais e exclusivos, assumida em outras perspectivas analíticas como âmago da política, é para o autor sua deturpação e negação, mais do que sua constituição. A incapacidade crônica de se lidar politicamente com a coisa pública, contida na lógica do *ethos*, condensaria, assim, tanto a continuidade socioeconômica, cultural e psicológica de longo prazo quanto os resultados da pugna de interesses entre os diferentes segmentos sociais e entre eles e o Estado.

Eis o motivo da lamentação pela precariedade da vida pública, isto é, pela exigüidade das camadas independentes do poder patriarcal e pela franca inexistência do povo político:

> [...] assenhoreou-se ela [a "classe do patriciado rural"] durante todo o império, da cidadania política sem ter o espírito dessa cidadania política, que além de exercer deformada e desviada, restringiu-a singularmente, impedindo a formação de um povo brasileiro, quer o das cidades, que reprimiu e venceu quando dos seus perigosos e desorientados movimentos convulsivos, quer o da extensa e penetrante região agrícola pastoril, que tutelou e afastou da ação direta do poder público (OP, p. 111).

Em suma, a invasão do público pelo privado materializa-se no terreno das instituições públicas, mediante a açambarcagem da sociedade política e do Estado pela classe senhorial.

Essa racionalidade da açambarcagem, que transparece com maior clareza nas linhas e entrelinhas de Sérgio Buarque, e de forma pontual em Duarte, é que viria a se tornar pressuposto mais ou menos explícito da compreensão do espaço público a partir das insuficiências da vida pública regida pelo *ethos*. Como será visto mais adiante, a lógica desse *ethos* continuou a ser introduzida e reproduzida em diversas análises, sem necessariamente reconhecer suas origens, nem o pressuposto central, que se tornaria cada vez mais controverso, de uma identidade abrangente, de caráter nacional, da qual decorre a sua própria especificidade. Mas a especificidade do *ethos* não se esgota nessa racionalidade, ou seja, no fato de caracterizarem-no impulsos privatistas ou de açambarcagem decorrentes de suas feições patriarcais, familiares, tutelares ou "feudais".

Há ainda um desdobramento relevante para o problema em questão, a partir do qual é possível avançar na qualificação das relações entre governantes e governados que, derivadas do *ethos*, moldam aquilo que hoje é denominado "cultura política" — aliás, não sem polêmica quanto a seu sentido e abrangência conceitual. Trata-se, mais uma vez, dos efeitos do primado do patriarcalismo, mas agora considerados desde a perspectiva da socialização e de suas conseqüências decisivas na constituição de uma sociabilidade para além do universo familiar, notadamente para o âmbito da política. Em registro não apenas psicológico mas psicanalítico, Freyre desenvolve hipótese ousada: a experiência infantil inclina a formação da personalidade do senhor para o sadismo. Tal experiência é cercada de estímulos e oportunidades que reforçam o impulso sexual da criança nessa direção: um mundo submisso diante de seus caprichos, feito de animais dóceis e de escravos — sobretudo o emblemático menino "leva-pancadas" simbolizando o pólo passivo e masoquista dessas "vivências de moleques". A criança é socializada mediante a experiência precoce do exercício do mando, de modo a prepará-la para o desempenho do domínio senhorial; todavia, essa formação encontra-se impregnada de sadismo, produzindo certo pendor pelas formas violentas e perversas de atuação do poder. Assim, quando transposto para o terreno da política, o complexo familiar sadomasoquista atinge proporções macrossociais no mandonismo e explica a propensão autoritária de governantes e governados: a ação infrene, afirmativa, reflexiva, embora por vezes violenta e despótica dos primeiros; e a inação, passividade e predileção pelos poderes fortes ou francamente autocráticos dos segundos.[20] Não obstante a anterior caracterização da política enquanto mundo regido pela assimetria das posições que nele podem ser ocupadas, é bem conhecido que Freyre reafirma o equilíbrio de antagonismos como traço distintivo e louvável da "formação brasileira"; nesse ponto, assim como na posição do autor diante das tendências de ruptura e na sua concepção do Estado, as diferenças com Sérgio Buarque de Holanda tornam-se palpáveis e certamente irreconciliáveis. A cristalização da sociabilidade própria do "caráter brasileiro" não encontra lastro, em Sérgio Buarque, na hipótese psicanalítica da estruturação da personalidade nos primeiros anos de vida do sujeito, mas na decantação cultural e psicológica das feições do "caráter coletivo" — no sentido amplo de uma psicologia social —, ao longo das mais de duas centúrias do patriarcalismo colonial.[21] Para além da ordem familiar rural, trata-se de nova síntese do ponto de vista da organização do Estado e da construção política da nação, que introduz como chave analítica o *patrimonialismo* na relação homem/bem público e a *cordialidade* nas relações entre os homens, isto é, entre governantes e governados, mas também, é claro, no interior dos próprios governados. A categoria síntese a exprimir a autonomia ou a originalidade do "caráter brasileiro" já decantado é o *homem cordial* — transformação vernácula e muito mediada do personalismo ibérico. A despeito de sua assombrosa popularização e utilização meramente descritiva, como denominação das supostas feições mais ou menos positivas do brasileiro, convém esclarecer que, em Sérgio Buarque de Holanda, o *homem cordial* é um conceito-síntese. Em definitivo, ele não conota nenhum atributo inerente à bonomia — o bondoso *Homo brasilicus*[22] —, e tampouco visa salientar padrões de comportamento atrelados à emotividade ou norteados pelo "irracionalismo" do mundo afetivo, como se a cordialidade se constituísse em *leitmotiv* para todos os desmandos de uma sociabilidade regida pelos ditames dos sentimentos e da paixão, pela lógica do corpo antes que pela lógica da razão — "crimes cordiais", "violência cordial", "ofensas cordiais" etc.[23]

A referência ao coração, introduzida por sua origem etimológica — *cor, cordis* —, refere-se antes à esfera dos afetos decorrentes dos laços primários do que a certa racionalidade sentimental ou passional e, nesse sentido, o *homem cordial* é, em Sérgio Buarque de Holanda, o tipo lógico a sintetizar a oposição entre o domínio dos vínculos diretos, da solidariedade mecânica — para dizê-lo em termos consagrados pela sociologia de Durkheim —, e o precário e quase asfixiado domínio da *civilidade*, das relações impessoais ou da solidariedade orgânica.[24] A oposição *homem cordial/civilidade*, ou melhor, a subordinação do segundo pólo pelo primeiro, define a sociabilidade e a cultura política como empecilhos para a construção e consolidação do espaço público e da democracia. A convivência social moderna, isto é, aquela que se quer democrática, apenas é possível porque é exercido largamente o hábito social — outrora ignóbil — de ignorar o outro como pessoa, ou com maior precisão, de desconsiderar suas particularidades de índole privada, de modo a instaurar relações sociais de igualdade — porque abstratas. Nesse sentido, a *civilidade* apresenta a ironia de permitir a autêntica convivência democrática precisamente por ser invenção: sociabilidade artificial, recurso legítimo da máscara e da convenção que, abstraindo a pessoa de sua posição social, viabiliza o respeito à autonomia do indivíduo e a isonomia das leis.[25] Assim, o diagnóstico para Buarque de Holanda resultava iniludível: se a *civilidade* é pré-requisito social da democracia ou, em outros termos, condição de possibilidade pré-política da constituição do espaço público, então o dilema da sociedade brasileira era que ainda não tinha conseguido se desvencilhar da sociabilidade do *homem cordial*, apesar das transformações em curso havia três quartéis de século — permanecendo presa à tradição patriarcal enquanto rumava para a transformação de suas características demográficas, econômicas e políticas. Em conseqüência, enquanto não avançassem o suficiente os processos de mudança, enraizando seus efeitos "antifamiliares" no seio da sociedade, nela continuaria a operar o *ethos* público, de forma constante e sistemática, contra a possibilidade de se constituir a sociedade democrática e o próprio espaço público.

12. OS ALCANCES DA MODERNIZAÇÃO

Transformações profundas vinham ocorrendo, e os autores agora examinados eram cientes disso e reservaram espaços privilegiados na disposição das obras analisadas para refletir no assunto. Os dois últimos capítulos de *Raízes do Brasil* estão voltados para a análise da mudança, particularmente o último deles, que não gratuitamente fora intitulado "Nossa Revolução". No caso de Freyre, é bem sabido que uma das diferenças fundamentais entre *Casa-grande & senzala* e *Sobrados e mucambos* é a passagem do sincrônico para o diacrônico; isto é, da cristalização intemporal da identidade nacional a partir das contribuições dos três contingentes populacionais, para o processo histórico de decadência do legado senhorial. Em analogia feliz, Omar Ribeiro Thomaz compara os resultados da *representação* do nacional em *Casa-grande & senzala* com a obra do movimento muralista mexicano.[26] A analogia é particularmente aguda porque engloba e sintetiza três elementos de difícil apreensão analítica: o sentido (meta)historiográfico da representação da história, a dimensão plástica inerente à estilização que permite tal representação e o caráter privilegiado da sincronia, precisamente, como recurso de estilização — o assunto, agora enunciado de maneira algo críptica, será retomado com maior vagar na última seção, quando da análise da reprodução do *ethos* público. Nesse sentido, é possível estender a analogia afirmando que a imagem quase pictórica de *Casa-grande & senzala* perdeu sua harmonia pela introdução corruptora do movimento em *Sobrados e mucambos*.

A ênfase na irrupção de tensões não mais conciliadas dentro do complexo unificador da família patriarcal, figurado na casa-grande, é patente inclusive no título das obras, na discreta e proposital substituição do "&" integrador pelo "e" que reúne pólos já exteriorizados pela evolução histórica. Destarte, malgrado o enorme investimento de energias para firmar a tradição — segundo os propósitos analisados no primeiro passo —, o maior desafio não era pensar a perpetuidade dessa carga histórica imensa, cuja mole foi esculpida como "tradição" mediante minuciosas operações analíticas, mas equacionar o problema da mudança: a passagem à ordenação moderna da sociedade, quer dizer, a *transição* do predomínio do universo rural patriarcal — com suas práticas, valores e instituições — para a organização urbana, industrial e democrática do país.[27]

Embora Azevedo seja partícipe do diagnóstico acerca do caráter crítico da transição, qualificando-a como a "[...] crise mais grave e complexa por que já passou o país [...]",[28] seu parcial deslocamento com respeito às questões mais prementes no debate da década de 1930 — dentre elas as "incógnitas políticas" associadas ao Estado getulista — faz com que sua apreciação das transformações em curso seja bastante confiante:

> Certamente encaminha-se o Brasil para a solução do problema de seu equilíbrio social, pela consolidação de uma nova classe média, por uma distribuição mais eqüitativa das riquezas e mais larga difusão da propriedade, como da educação e da cultura, e, a despeito de aparências contrárias, se acentua a marcha para a unidade social e para a integração, lenta mas progressiva, de todo o povo na vida econômica, cultural e política da nação (CB, p. 200).[29]

Por sua vez, nesse ponto, há importantes diferenças nas perspectivas de leitura de Freyre e Sérgio Buarque, pois enquanto a ótica do primeiro encontra-se posicionada no pólo da tradição, o que lhe permite realizar agudas análises acerca dos impactos perversos de desagregação e decomposição social decorrentes das tendências de mudança, a ótica do segundo situa-se no pólo da modernização, possibilitando-lhe interpretação pungente da conjuntura política e da democracia. Duarte também se situa nesse segundo pólo, visando extrair as conseqüências radicais das teses inscritas em *Raízes do Brasil*, já minuciosamente exploradas e aprofundadas no seu sentido político ao longo das páginas de *A ordem privada e a organização política nacional*. Ainda assim, o desfecho do argumento para firmar sua discrepância com respeito à conclusão final de Buarque de Holanda é, como será visto logo, mais próximo ao de Freyre.

A promulgação da Lei Eusébio de Queirós balizara, para o autor de *Raízes do Brasil*, o começo de uma revolução lenta e profunda que, bem mais eficiente do que os violentos e voláteis levantes latino-americanos, vinha se alastrando pelo país, acompanhada e impulsionada não apenas pelas conseqüências da abolição do tráfico negreiro, mas pelo auge da lavoura cafeeira, pela multiplicação dos estabelecimentos de ensino superior e por todos os processos inerentes à urbanização e à instauração da "escravidão dos salários". Ainda diante da incerteza do cenário político nacional e internacional, ele soube reconhecer os efeitos catalisadores e de forte institucionalização do governo de Getúlio Vargas;[30] entretanto, a nota distintiva dessa via política era o autoritarismo — fato renovador do legado do personalismo político na figura do caudilho. Nessa encruzilhada, a única saída democrática plausível era a vagarosa efetivação das tendências de longa duração, que implicavam a progressiva, porém incontornável, incorporação do trabalhador à vida política. De fato, a sociabilidade tradicional e, com ela, o *ethos* público seriam fatalmente extintos pela paciente ação dessas tendências, "[...] cujo sentido parece ser o aniquilamento das raízes ibéricas de nossa cultura [...]", isto é, "[...] a dissolução lenta, posto que irrevogável, das sobrevivências arcaicas, que o nosso estatuto de país independente até hoje não conseguiu extirpar" (RdB, pp. 172, 180). No que diz respeito ao *ethos*, é pertinente inquirir de forma mais incisiva pela eventual sobrevida de certas feições próprias do *homem cordial*, pois caso ela ocorresse, seria possível pensar na hipótese da reposição dessa sociabilidade mediante expedientes diversos de compensação ou sincretismo. A esse respeito, no encerramento da "Carta a Cassiano Ricardo" — a propósito da polêmica desatada pelo conceito *homem cordial* —, Sérgio Buarque de Holanda dificilmente poderia ser mais explícito: "[...] o homem cordial se acha fadado provavelmente a desaparecer, onde ainda não desapareceu de todo. E às vezes receio sinceramente que já tenha gasto muita cera com esse pobre defunto".[31]

A divergência de Duarte radica neste ponto: após Sérgio Buarque investir tantos recursos analíticos para atrelar o sentido da história no Brasil às feições da longínqua tradição peninsular e aos seus avatares na edificação da sociedade colonial, pareceria um despropósito antever com tal facilidade e com tanta segurança a extinção do caráter privatista da estrutura social e da organização política nacional. Com efeito, a discrepância de Duarte radica em exigir de Sérgio Buarque a assunção radical das conseqüências derivadas de sua própria análise, pois "[...] um problema de tanta profundidade e com tal poder de repercussão, não se pode restringir a tão poucas conseqüências e efeitos. [§] Ele atinge à questão mesma do Estado e não a essa ou aquela forma de organização estatal" (OP, p. 121). É claro que essa crítica é ao mesmo tempo defesa das teses centrais de *Raízes do Brasil*, e que o intuito de resguardar a obra contra seu próprio autor não é fortuito, pois nessas teses Duarte estribou o decurso de sua própria argumentação. A defesa é, na realidade, autodefesa. No entanto, o raciocínio de Sérgio Buarque de Holanda era impecável, a ruína das instituições materiais que sustentaram o universo patriarcal terminaria por ruir sua função modelar para outros âmbitos e por desbancar seu domínio inconteste sobre o conjunto da sociedade. Como sustentar, então, a continuidade do privatismo senhorial sem negligenciar o fato histórico de a sociedade, aos poucos, não mais corresponder aos antigos padrões patriarcais de organização demográfica, econômica e política? Na resposta a essa interrogação Duarte lançará mão de uma idéia que o aproxima de Gilberto Freyre. Trata-se da busca de um expediente capaz de autonomizar o privatismo, de explicar sua reprodução como estando relativamente desatrelada das importantes mudanças acontecidas no percurso do século XIX e das primeiras décadas do XX. Para tanto, sem a sofisticação das nuanças nem o requinte de detalhes de Freyre, Duarte retorna ao terreno da cultura, previamente abandonado porque insuficiente para compreender o mundo da política, e firma a continuidade do império da organização privada pela sua condensação e cristalização como identidade cultural:

> Quando a força dessa classe [senhorial], depois de deter e exercer tamanho poder social e político, começou a declinar, nem por isso deixou de continuar no Brasil a prevalecer pelo poder de sua tradição demorada. Enquanto tudo se modifica, o País sofre várias mutações, [...] enquanto todas as conquistas, e empresas ainda não têm tempo de adquirir intensidade e profundeza, essa ordem senhorial é a construção mais fixa e inabalável do Brasil [...]. É, enfim, a tradição de 400 anos do brasileiro. O tempo lhe deu profundidade e uma história, o que vale dizer que lhe permitiu fazer um estilo e uma cultura! (OP, p. 109).[32]

Contudo, Duarte situa-se no pólo da modernização e, nesse sentido, a reintrodução da dimensão da cultura não cancela as perspectivas de erradicação vislumbradas por Sérgio Buarque de Holanda, apenas as afasta como possibilidades bastante remotas, cuja realização conta com forças incertas e assaz modestas: a ambigüidade constitutiva dos homens públicos, que se debatem presos na sua formação cultural porque cientes dos imperativos abstratos e universais das normas públicas.

No caso de Freyre, o inusitado traslado da família real e seus acompanhantes, vindos em milhares, simbolizou politicamente a desintegração do regime patriarcal que, na realidade, tinha sido deflagrada havia tempo pela paulatina acumulação de dinheiro e prestígio na mão dos comerciantes das cidades — financiadores da economia latifundiária, cujo enriquecimento fizera-se à custa do poder senhorial. A mudança transoceânica é divisor de águas não porque desencadeasse, *ex nihilo*, tendências adversas à ordem rural, mas porque acentuou e definiu com clareza o rumo dos processos de centralização e urbanização do poder e das camadas governantes. Assim, para a ruína da ordem rural concorreram tanto a emergência daquela classe econômica citadina como os inúmeros efeitos da implantação e desenvolvimento paulatino dos costumes, valores, instituições e práticas próprias da sociabilidade urbana. Os antigos princípios da hierarquia social, rematada pelos poderes senhoriais, passaram a ser solapados pela interação conjunta de influências as mais diversas — "estatistas", "individualistas" e "coletivistas" —, atreladas aos processos de centralização do poder, de especialização e diferenciação de âmbitos específicos de autoridade e competência, e de geração e consolidação de organizações disciplinadas por solidariedades mais horizontais.[33] A condensação por excelência dessas mudanças aparece simbolizada na passagem do universo da casa-grande, que não apenas integrara seu pólo contrário — a senzala —, mas em torno da qual gravitara a sociedade toda, para o mundo restrito dos sobrados, cujo progressivo acanhamento evidenciara a ascensão de novas camadas tipicamente urbanas e a atrofia da família patriarcal — agora cada vez mais próxima da família burguesa. Destarte, viram-se tolhidas as capacidades de integração social dos poderes patriarcais, e a senzala, outrora explorada porém protegida, transformou-se em mucambo, agora livre, embora expulso do manto senhorial das reciprocidades e, portanto, abandonado à sua própria sorte. Essa passagem, assim sintetizada por Freyre em leitura social das transformações arquitetônicas acarretadas pelo fenômeno abrangente da urbanização, também é detectada em inúmeros indícios trazidos à tona minuciosamente por ele: os hábitos alimentares e de lazer, a moda e a mobília, as novas personagens urbanas.

Porém a transição para a primazia do urbano sobre o rural não aconteceu como obra meramente destrutiva ou de substituição, pois nenhuma força cultural e social havia nas cidades que pudesse operar tamanha transformação dispensando o concurso da tradição patriarcal. Afinal, "O desenvolvimento de 'classes médias', ou intermediárias, de 'pequena-burguesia' [...] pode ser quase desprezado; e quase ignorada sua presença na história social da família brasileira" (SeM, p. LXVII). Malgrado a falência que fadara a unidade familiar patriarcal à extinção, não houve mudanças radicais no terreno dos valores e da sociabilidade, e ainda menos no campo da cultura política. As características dessa transição, repleta de nuanças, de transformações sem ruptura, podem ser exprimidas de forma sucinta e ambígua na frase: "O patriarcalismo urbanizou-se" (SeM, p. 22). Na verdade, poder-se-ia dizer com igual pertinência que, para Freyre, foi o urbano que se "patriarcalizou", pois os sobrados foram habitados em sua grande maioria pelas camadas urbanas emergentes e, em menor proporção, pelos bacharéis e raramente pelas famílias a rigor patriarcais; entretanto, o modelo de prestígio social dominante era patriarcal e dele lançaram mão os novos segmentos sociais para se diferenciar do resto da população. Foi a tradição da cultura patriarcal, deslocada e expropriada de seu hábitat, que estruturou no âmbito do simbólico a dinâmica expansiva das cidades, conferindo ao novo espaço de sociabilidade feições muito particulares — isto é, ainda patriarcais ou, nos termos do autor, semipatriarcais. Mas se a urbanização do patriarcalismo e a "patriarcalização" do urbano foram força vigorosa a contribuir na consolidação das novas tendências espaciais, tal participação não podia ser realizada como pura afirmação da continuidade — o que, aliás, é evidente já na própria idéia da passagem da ordem patriarcal à *semipatriarcal*. Com efeito, a tradicional ordem familiar também foi mudada pela própria cidade, isto é, pelas influências cuja ação independia das antigas hierarquias sociais.

O empenho de Freyre para elucidar a transição como processo ambivalente apresenta conseqüências de primeira importância para a caracterização da vida pública regida por um *ethos* privatista, agora diminuído e assediado pela aparição de experiência inédita: a sociabilização no espaço público, segundo seu sentido apenas urbanístico, embora pleno de conseqüências para a configuração de uma sociabilidade pautada pelas normas impessoais daquilo que se convencionou chamar, não gratuitamente, de urbanidade. Trata-se, *grosso modo*, de dinâmica dupla agindo de forma simultânea na determinação das feições da vida na cidade. De um lado, a presença de forças que embaraçavam e constrangiam a mera reposição dos valores, práticas e instituições próprias do legado senhorial. A esse respeito, a geografia urbana povoara-se de nova "paisagem humana" pela multiplicação de figuras concorrenciais da alguma vez infrene autoridade do senhor patriarcal; sua presença era claro índice da proliferação de autonomias que escapavam, embora parcialmente, às órbitas culturais da ordem familiar: a igreja e os bispos, muito distantes dos padres de capela das casas-grandes; os mestres régios e muitos outros membros próximos ou pertencentes à corte; os chefes de polícia e outros integrantes do crescente funcionalismo vinculado à administração e preservação da ordem citadina; os egressos das incipientes instituições de ensino superior — bacharéis voltados para a política, como os advogados, ou para as profissões liberais, como os médicos —; sem esquecer, claro está, os lojistas, correspondentes comerciais e demais personagens vinculados ao auge do comércio, em quase nada semelhantes aos mascates que levavam suas mercadorias às portas das casas-grandes. De outro lado, embora e porque sujeita a diversos constrangimentos, a família semipatriarcal reafirmava a vigência incólume de seu domínio dentro das estreitas fronteiras dos sobrados — o que levou a definir uma relação inicial de estranhamento entre a casa e o mundo externo.

Graças à interação dessa dupla dinâmica nas transformações ocorridas nos âmbitos familiar e extrafamiliar, o sobrado simboliza, com sua família tradicional ensimesmada — reclusa nos lindes domiciliários —, uma das duas faces do processo histórico que, a um só tempo, desenvolveu a privatização do lar e a criação da rua na sua conotação moderna. Eis a questão nevrálgica: à privatização da casa corresponde a "publicização" da rua, e ambas produzem-se simultaneamente como uma operação de diferenciação daquilo que era uno e indiviso, daquilo que coexistia formando parte do mesmo universo. Assim, parte central da história da decadência da família patriarcal realiza-se pela cisão do universo senhorial nos mundos do público e do privado, pela definição inaugural das relações entre esse dois âmbitos, o que aparece protagonizado como o processo histórico no qual "[...] a esfera pública avança sobre a esfera privada [...]. Em outros termos, a decadência é resultado da quebra da continuidade público/privado".[34] Nesse sentido, diga-se de passagem, carece de qualquer pertinência, em Freyre, se pensar na rua como um *"alter"* oposto à casa-grande, cujo universo ainda indiferenciado — segundo a lógica moderna — continha os caminhos senhoriais e talvez admitisse como exterioridade apenas a natureza.[35] O surgimento e a consolidação da oposição entre a casa e a rua aparecem em Freyre como índice claro de modernização, do avanço das tendências que solaparam a tradição patriarcal. Nos termos empregados nestas páginas, o *ethos* público, enquanto manifestação da identidade nacional de índole rural e familiar, passou a ser confrontado e diminuído pela aparição do espaço público, que pouco a pouco atingiria "[...] um prestígio novo no nosso sistema de relações sociais: o prestígio da rua" (SeM, p. XLIII). A conquista desse prestígio — ou a criação de uma geografia urbana estável entre o público e o privado — não foi espontânea nem linear e teve de percorrer intricado caminho, passando pela dignificação da rua diante de sua suposta devassidão e pela regulamentação dos limites da casa, graças à qual "[...] a rua, por sua vez, começou a se defender dos sobrados" (SeM, p. 200), dos excessos de seus donos que costumavam jogar lixo e excremento nela. Resta, ainda, a questão crucial dos alcances dessa redefinição que, em última análise, poderia levar à eventual extinção do *ethos* público — diluído pela contínua suavização do semipatriarcalismo urbano. Trata-se de averiguar se, assim como o *homem cordial* para Sérgio Buarque de Holanda, a sociabilidade patriarcal e sua correspondente cultura política encontram-se fadadas à desaparição.

A constituição da geografia urbana do público e do privado veio acompanhada da consolidação de instâncias políticas à margem do controle direto dos poderes familiares e, nesse sentido, registra-se uma tendência a certa forma de impessoalização do Estado:

Ao declínio do poder político do particular rico [...] correspondeu o aumento do poder político público [...] e, depois, do republicano, não raras vezes instalados em antigas residências patriarcais como em ruínas de fortalezas conquistadas a um inimigo poderoso [...] (SeM, p. LXXI).

Ainda mais, a trajetória do declínio do patriarcado, que vai do rural ao semi-rural, primeiro, e do semi-urbano ao urbano, depois, não apenas levara à consolidação de instâncias políticas impessoais, mas abrira passo à existência de formas individualistas de relacionamentos extrafamiliares: "Apareceram mais nitidamente os *súditos* e depois os *cidadãos*, outrora quase ausentes entre nós [...]" (SeM, p. 355). Destarte, a consagração do caráter público da rua aponta para transformações de maior envergadura no sentido da parcial e progressiva constituição da vida e do espaço público modernos. Entretanto, a diluição das expressões orgânicas do patriarcalismo não implica o esvaimento de todas as suas manifestações, particularmente daquelas cristalizadas no universo da cultura, cuja autonomia relativa permite sua sobrevivência e continuidade no terreno do simbólico. Por essa via, para Freyre resulta impensável a extinção total do personalismo, discrepando explicitamente de Sérgio Buarque.[36] Com efeito, a renitência da índole familista da identidade nacional aparece agora despida de seus conteúdos patriarcais mais ortodoxos, para se perpetuar na forma de uma cultura política paternalista, responsável pela freqüência do estilo providencial e autoritário no exercício do poder político:

> Como família patriarcal, ou poder tutelar, [...] a energia da família está quase extinta; e sua missão bem ou mal cumprida. [§] Suas sobrevivências terão, porém, vida longa e talvez eterna não tanto na

paisagem quanto no caráter e na própria vida política do brasileiro. O patriarcal tende a prolongar-se no paternal, no paternalista [...] (SeM, pp. XC, XCI).

Nesse ponto, diga-se de passagem, Azevedo é mais próximo de Freyre do que de Sérgio Buarque.[37] É conveniente atentar para a modificação ou o redimensionamento do papel analítico desempenhado pela cultura no raciocínio de Freyre — similar no que aqui interessa ao diagnóstico desenvolvido por Duarte —, que, objetivando resolver a tensão entre continuidade e transição, opta pela preservação desenrijada e limitada do universo patriarcal em certos valores que animam o paternalismo da cultura política nacional. Essa escolha põe em relevo a introdução de um recurso argumentativo que, nas décadas seguintes, se tornou central para a reprodução da lógica do *ethos* na literatura tributária dessa forma de equacionar a caracterização do espaço público. O legado patriarcal ou a organização privada da vida nacional — e sua correspondente sociabilidade —, desprovido da energia oriunda das instituições materiais que salvaguardaram sua continuidade, encontra na cultura uma dimensão privilegiada para sua perpetuação, não como vigorosa cristalização do universo senhorial, mas sim como reservatório hermético aos perigos da extinção. Reservatório idôneo, aliás, porque autônomo ou relativamente desvencilhado das mudanças que vinham alterando as feições da sociedade nacional. Destarte, opera-se um redimensionamento do papel da cultura, atribuindo-lhe a função de hipótese de última instância na explanação da mais ou menos minguada sobrevivência da herança patriarcal e, com ela, do *ethos* público. Como hipótese de última instância, a introdução da cultura adquire uma função mais voltada para explicar do que para assinalar problemas, e nessa função o *ethos* perde parte de sua densidade conceitual.

A compreensão dessa mudança requer exame mais nuançado, que terá lugar no seguinte subcapítulo; cumpre dizer, por enquanto, que com a reprodução da lógica do *ethos* ocorrerá algo semelhante, acentuando o papel do *ethos* como recurso meramente explicativo. Após o percurso deste último passo, parece claro que a perpetuação da tradição é assunto problemático no corpo das obras trazidas para a análise, segundo evidenciou o tratamento nelas prestado à questão da transição: se para Freyre e, em menor grau, para Duarte e Azevedo, a renitência do legado patriarcal responsável pelo *ethos* público tenderia a se perpetuar, ainda que muito atenuado, como cristalização no âmbito quase intangível da cultura, e mais especificamente da cultura política; para Sérgio Buarque de Holanda não existiria nenhuma salvaguarda capaz de garantir longa sobrevida aos valores oriundos da ordem rural, uma vez que seus pilares acabariam por ser definitivamente erodidos pela ação das transformações econômicas e sociodemográficas de longo prazo. No contexto das obras analisadas, primordiais para a montagem e consolidação da lógica do *ethos*, a transição, de fato, cria e define novas tensões entre o público e o privado, no sentido de introduzir tendências que, de forma imediata ou remota, apontam para a configuração moderna da vida e do espaço públicos. Nesse sentido, equacionar a configuração do espaço público, retesada pela interação da resistência e da realização das transformações ainda em curso, era antes um problema que um pressuposto da análise, e, em conseqüência, não seria descabido inferir que requereria reformulação constante na medida em que sua resolução, com rumos já traçados, era uma pendência histórica. Embora se trate de reconstruções de "longa duração" — se permitido o uso do termo fora de contexto —, nada mais contrário à letra dessas obras que coagular concepções cuja pertinência era em maior ou menor medida transitória em face das incógnitas da modernização; o equacionamento dessas incógnitas, conforme firmado pelos próprios autores, acabaria por tornar parcial ou totalmente inadequado o recurso a um imperturbável privatismo na vida social, projetado sem embaraços como diretriz da vida pública. A tendência na literatura tributária do *ethos* público, todavia, será a de assumir como pressuposto analítico a idéia do caráter pré-moderno da vida pública, o que não raro levará a propor a inexistência do próprio espaço público pelo arcaísmo de suas feições. Assim, uma noção como o *ethos* público, carregada de sentidos por sua articulação em arcabouços analíticos que animaram novas interpretações das características e problemas fundamentais do país, tornou-se recurso inócuo para postular a precária configuração do espaço público.

IV A REPRODUÇÃO DO
ETHOS PÚBLICO

13. A FUNÇÃO DE HIPÓTESE *AD HOC*

SEM NENHUMA PRETENSÃO de constituir, *stricto sensu*, uma exegese do pensamento dos autores considerados na seção anterior — principalmente de Gilberto Freyre e Sérgio Buarque de Holanda —, a análise dos quatro passos mencionados no capítulo anterior permite compreender a montagem da lógica do *ethos* público a partir da idéia analógica da rapsódia, isto é, das variações de padrões de argumentação mais ou menos semelhantes. Contudo, cabe perguntar pela sobrevivência desse *ethos* como noção que continua a permear o modo de se refletir na questão do espaço público, pois parece pouco plausível pressupor que ele tenha permanecido incólume diante do desenvolvimento e da diversificação do saber acadêmico, impulsionado por décadas de especialização disciplinar. Ainda mais se considerado que o fulcro originário do *ethos* público — a existência indubitável de uma identidade nacional da qual derivam suas particularidades — não ocupa mais lugar de privilégio nas preocupações acadêmicas, e inclusive é objeto de franco descrédito em algumas áreas. Com efeito, já em 1949, Victor Nunes Leal, em afamada tese acadêmica para se tornar catedrático da Faculdade Nacional de Filosofia da Universidade do Brasil, afirmava com destinatário certo que os problemas da política no país, seu caráter paroquial, clientelista, patrimonial etc., não decorriam senão de qualidades ou problemas estruturais da configuração nacional ainda rural: "O problema não é, portanto, de ordem pessoal, [...] ele está profundamente ligado a nossa estrutura econômica e social".[1] Anos mais tarde, mostrando o otimismo e a firmeza de quem olha para os processos históricos como se fosse o observador ao final do crepúsculo, Dante Moreira Leite e Carlos Guilherme Mota sentenciaram a gradual desaparição desse tipo de inquietação intelectual — agora superada pela produção de conhecimento regida por cânones científicos[2] — e acusaram o teor mistificador das inúmeras expressões ideológicas do nacional: caráter nacional, cultura brasileira, tipo social, personalidade média, alma do povo, consciência nacional, *ethos* brasileiro, temperamento coletivo, psicologia do brasileiro, vocação nacional, dentre outras denominações usuais — por certo inúteis para entender as "[...] contradições sociais e políticas *reais* [...]", embora de notável eficiência para "[...] embaçar as tensões estruturais geradas na montagem da sociedade de classes e mascarar a problemática da dependência".[3]

A despeito de prognósticos e denúncias, o pensamento em torno da identidade nacional, do caráter original da "civilização" brasileira, embora minguado e sem o mesmo prestígio, continuou a instigar a reflexão de autores influentes — isso sem mencionar sua insistente reprodução na mídia ou nos textos de divulgação. Mesmo se o pensamento acerca da identidade nacional, se as tentativas dos "explicadores do Brasil" — para dizê-lo com o engenho da denominação alcunhada por Mota — fossem menos expressivas do que vieram a ser, a verdade surpreendente é que a reprodução do *ethos* público terminou por se "independentizar" de seus referentes originários, isto é, desvencilhou-se das reflexões afirmativas sobre a brasilidade. A lógica do *ethos* público continuou a operar, embora não mais como construção secundária e subordinada, ou meramente apensa ao *ethos* nacional, senão apenas como caracterização crítica das malformações intrínsecas ao espaço público no Brasil. Porém, tal emancipação dos conteúdos homogeneizadores de uma suposta identidade nacional e, nesse sentido, de suas eventuais implicações "autoritárias", "conservadoras" ou de "mistificação", é parcial e enganosa. A postulação do *ethos*, como chave para se compreender os empecilhos que obstam a constituição do espaço público moderno no Brasil, mantém o pressuposto, agora oculto, da necessária existência de uma continuidade cultural extensa e homogênea o suficiente para nutrir e reproduzir uma sociabilidade representativa da vida pública nacional. Por outras palavras, a permanência do *ethos* como argumento sem vínculos óbvios com as polêmicas teses da brasilidade possibilita sua reapropriação sem problematizar suas origens; torna viável lançar mão do *ethos* como recurso explicativo se furtando à discussão acerca da pertinência de se caracterizar criticamente o espaço público a partir de uma noção que reintroduz indiretamente — de "contrabando", por assim dizer — a questão dos traços comuns definidores de certa identidade de alcances nacionais. Tal autonomização, em última análise, não permite prescindir do pressuposto lógico da existência de uma identidade cultural maior — outrora explícita —, à qual se reporta a especificidade do próprio *ethos*.

Os vínculos entre o *ethos* público e sua lógica originária são hoje tão pouco evidentes que não é raro se deparar com extraordinário paradoxo. Não pareceria congruente se opor de forma rotunda ao debate afirmativo sobre a brasilidade, caracterizada como recurso ideológico dos autoritarismos políticos ou como mistificação de conseqüências indesejáveis, e simultaneamente sustentar concepções emanadas desse debate acerca das características da vida pública no Brasil. Ainda assim, não são raras as análises que esgrimem tanto a crítica contra as idéias da identidade nacional — nos moldes de Gilberto Freyre ou de Sérgio Buarque — quanto a defesa de diagnósticos deduzidos a partir da lógica do *ethos*, atribuindo-lhes o estatuto de conceituação pertinente sobre os traços mais sobressalentes da vida pública. Exemplo breve ilustra bem esse paradoxo: em crítica às contribuições de ambos os autores para a construção de um "fetiche da igualdade", Teresa Sales sustenta, na mesma análise, a tese da constituição do espaço público no Brasil sob a hegemonia da cultura política da dádiva, que implica relações culturais de subserviência ao invés das de obediência; de um lado, recusam-se de modo explícito as implicações do discurso da identidade nacional presuntivamente igualitário — de efeitos nocivos na cultura política —, mas de outro repõe-se o pensamento questionado pela via oculta da atualização do *ethos* público.[4] A leitura aguda de Vera da Silva Telles reparou nesse paradoxo: "[...] assim me parece, não consegue escapar [a autora] do que eu chamaria metaforicamente de uma 'maldição das origens' (o latifúndio, o patriarcalismo, as raízes ibéricas)".[5] Paradoxalmente, na sua reflexão acerca da relação entre cidadania e pobreza, baseada de forma central na análise de processos sociopolíticos ao longo do século XX, e na aferição estatística da parte mais recente desses processos, Vera da Silva Telles não prescinde por completo de certos argumentos animados pela lógica do *ethos*:

> Na verdade, a miséria brasileira revela a trama que articula o Brasil real e o Brasil formal, numa dinâmica a um tempo político e cultural, em que hierarquias de todos os tipos desfazem a igualdade pro-

metida pela lei, imprimindo na ordem legal um caráter elitista e oligárquico que atualiza velhas tradições. [§] Como mostra DaMatta, essa é uma matriz cultural própria de uma sociedade que não sofreu a revolução igualitária [...] em que, por isso mesmo, a modernidade nunca chegou a ter o efeito racionalizador de que trata Weber, convivendo com éticas particularistas do mundo privado das relações pessoais que, ao serem projetadas na esfera pública, repõem a hierarquia entre pessoas no lugar em que deveria existir a igualdade entre indivíduos [...]. Daí esse familismo tão característico da vida social brasileira, em que relações sociais transformam-se em relações pessoais regidas por códigos morais próprios da vida privada.[6]

Assim, uma vez distendidos os vínculos do *ethos* com o arcabouço de idéias do qual emergiu, tudo se passa como se fosse reproduzido com independência dos motivos que fizeram dele uma construção analítica de efeitos renovadores no pensamento político-social. Perante tal reposição, cabe partilhar o espanto de Octavio Paz em formulação expressa quando discorria acerca da pertinácia dos vestígios simbólicos herdados pelo processo histórico de definição da identidade nacional, por ele definida como operação de inventar e firmar a diferença: "E não é extraordinário que, desaparecidas as causas, persistam os efeitos? E que os efeitos ocultem as causas?".[7] Considerar a progressiva diluição dos vínculos, outrora explícitos, entre a questão da identidade nacional e a caracterização da vida pública regida pelo *ethos*, contribui na compreensão da "persistência dos efeitos", ou seja, da liberalidade com que o *ethos* é incorporado em análises de diversas filiações intelectuais. Para além do paradoxo, que assinala o risco de repor parte dos conteúdos subjacentes às idéias visadas pela crítica, a reprodução da lógica do *ethos* público requer de análise pormenorizada quanto aos efeitos de sua aplicação: a "ocultação das causas". Segundo será elucidado mais adiante, a introdução do *ethos* na análise da vida pública induz interpretações de causalidade circular, obliterando aspectos relevantes da realidade.

Antes de abordar os efeitos, seria incorreto negligenciar o fato de a autonomização recém-considerada ser insuficiente para assinalar os usos efetivos do *ethos* e as eventuais operações que viabilizam sua atualização. Na realidade, a compreensão cabal da forma em que essa noção é reproduzida levanta questões acerca da continuidade dos conteúdos, isto é, do perfil particular dos "efeitos" a sobreviverem uma vez extintas as "causas" — parafraseando a observação de Paz vertida acima. Tal questão não apenas coloca a exigência de mostrar a maneira como aparece hoje o *ethos* na literatura, mas também introduz assunto mais relevante, a saber, as mudanças no seu estatuto, levando em consideração que perdera o respaldo fornecido pelo seu engaste originário em uma concepção forte da determinação cultural. Se, como foi salientado, a reprodução do *ethos* contou com a distensão de seus vínculos originários com essa concepção, isso não implica a supressão de sua existência enquanto noção de caráter cultural, ou seja, como referente de um complexo de condicionantes culturais. Qual, então, a mudança na especificidade do cultural no *ethos*? A resposta pode ser sinteticamente formulada nos seguintes termos: a cultura perdera seu estatuto de problema primaz ou fundamento, assumindo a função discreta, porém enganosa, de expediente explicativo *ad hoc*. Por via de regra, pressupõe-se a continuidade mais ou menos universal de certas características como um dado, não como problema a ser elucidado; em conseqüência, a noção do *ethos* não é reproduzida mediante a construção ou justificação do estatuto basal da cultura na compreensão do espaço público, tal e como no tocante à história e à identidade fizeram as obras que contribuíram na montagem dessa noção. Obras, aliás, preocupadas com a cultura como problemática ou dimensão histórica crucial que, negligenciada pelos determinismos vigentes à época, teria de ser construída e desvendada pelos recursos da estilização analítica: por isso o caráter inovador desses trabalhos, hoje inevitavelmente datados. Atualmente, a tendência — já anunciada nos últimos parágrafos da seção anterior — é conferir ao *ethos* público uma função antes explicativa que problematizadora, redefinindo seu estatuto em termos de uma hipótese *ad hoc* reproduzida de forma difusa a partir da sua introdução em diversos contextos analíticos, descontínuos em suas procedências teóricas ou ideológicas, mas tributários da lógica do *ethos* por introduzirem-na como expediente explicativo das particularidades do espaço público. Nessa função explicativa, recém-definida em termos lógicos, há por certo espaço para a ambigüidade em espectro ou gradiente contínuo que vai de posturas afirmativas, nas quais o *ethos* é postulado com forte carga heurística, até diagnósticos em que ele comparece apenas como argumento auxiliar. Dessa forma instrumentalizado, o *ethos* perdera sem dúvida boa parte de sua densidade conceitual e importância no pensamento político-social; todavia, quando utilizado, continua a apelar para a presença de certa continuidade que justifica as causas da incivilidade na vida pública ou, melhor, da inexistência de vida pública autêntica.

A despeito das consideráveis transformações da estrutura produtiva, demográfica e política do país, ocorridas no século XX, lança-se mão do *ethos* público, por vezes fatidicamente, para explicar os saldos negativos, as insuficiências, as perversões ou, no melhor dos casos, as peculiaridades desses processos no que diz respeito à configuração de um espaço público moderno. É como se se fizesse do *ethos* uma espécie de reservatório da pré-modernidade, só que de cunho analítico: os arcaísmos e tradicionais perversões da vida pública continuam a emperrar os avanços na constituição de um verdadeiro espaço público — segundo as características que lhe são próprias na modernidade. Aí onde a análise acusa o abismo entre a configuração moderna e a nacional do espaço público, surge o *ethos* como explicação das feições indesejáveis — ora pré-modernas, ora não-modernas, mas quase sempre negativas —, cujas causas restituem parte das teses consolidadas pela literatura dos anos 1930, agora flexibilizadas pela destituição da cultura como determinação fundamental.

Assim, ainda hoje a lógica do *ethos* público é introduzida em interpretações nas quais se encontram imbricadas, com pesos e avaliações diferenciadas segundo a ocasião, o personalismo a travar a consolidação social da figura do indivíduo, a indistinção entre o público e o privado, a apropriação privada do público e a incivilidade ou incapacidade de agir conforme regras universais e abstratas; tudo como características distintivas da vida pública e do espaço público no país. Em virtude da perda de densidade conceitual do *ethos*, seu uso e a importância conferida a cada um desses aspectos amiúde respondem mais aos argumentos ocasionais de um texto específico do que às linhas de pensamento que perpassam o conjunto da obra do respectivo autor. Eis uma passagem de Marilena Chauí em que tal utilização ocasional pode ser apreciada: "[...] é a estrutura do campo social e do campo político que se encontra determinada pela indistinção entre o público e o privado [...] a sociedade civil também está estruturada por relações de favor, tutela e dependência, imenso espelho do próprio Estado e *vice-versa*".[8] Há numerosos exemplos de caracterizações animadas pela lógica do *ethos* público, sustentadas por autores de orientações disciplinares e vocações intelectuais diversas.[9] Diga-se de passagem, por enquanto, que se a reatualização de teses tais como a indistinção, a privatização, a incivilidade e o personalismo opera, normalmente, de forma muito menos substancializada com respeito à literatura da década de 1930, a obra de Roberto DaMatta constitui exceção notória, tanto por suas formulações culturais acerca do país como uma sociedade de sistema dual — na que prima a identidade relacional consagrada na figura "pessoa" — quanto por sua ampla difusão nos âmbitos acadêmico e extra-acadêmico.[10]

Em posturas afirmativas, os conteúdos do *ethos* operam fornecendo razões, ou melhor, explicações baseadas na interação de uma causalidade tríplice, cuja aparente contundência esclarece os déficits do espaço público. Em passagem de texto singelo e bastante difundido, Guillermo O'Donnell — autor insuspeito de qualquer culturalismo — ilustra bem como os três aspectos mencionados se conjugam, quando introduzido o recurso do *ethos*, de modo a se reforçar reciprocamente, fechando uma espécie de círculo explicativo. A ausência de cultura cívica obsta o respeito dos lindes entre o público e o privado, o que estimula comportamentos de apropriação indevida do público, gerando novo adubo para a reprodução da vida pública sob o jugo de uma sociabilidade incivilizada que, embora seja partícipe de valores universalistas para a política, cancela no nascedouro, no próprio cotidiano, a possibilidade da constituição de um espaço público moderno:

> [...] as condições prevalecentes são tais que se torna lógico que aquele que pode privatize os espaços públicos ao seu alcance. Ao fazer isso, não parece que tenham sentimentos de culpa; afinal, para ter tais sentimentos deveriam ter também alguma consciência cívico-republicana; isto é, que a separação entre o público e o privado é relevante e que, portanto, vale a pena mantê-la. Não encontrei essa perspectiva nessas pessoas, a despeito de sua visão em muito aspectos moderna e, em níveis macropolíticos, democrática. Mas, por eles não terem sentimentos de culpa, a apropriação que realizam não é uma apropriação triunfante e segura dos respectivos espaços públicos. É, claramente, uma privatização do público defensiva [...].[11]

Contudo, é conveniente se precaver contra uma interpretação demasiado apressada acerca da presença desse tipo de caracterização em amplo espectro de autores, pois a denúncia de todos ou de algum desses traços negativos não necessariamente implica a incorporação do *ethos* como expediente explicativo, podendo decorrer de outros pressupostos analíticos, cuja pertinência teria de ser equacionada sob outros critérios. Sem dúvida, a subordinação do público pelo privado, a confusão de fronteiras entre ambos os âmbitos e a incivilidade admitem interpretações diversas quanto a suas conseqüências, mas também no que diz respeito a suas causas — quer, por exemplo, como manifestações de corrupção ou de falhas no desenho do arcabouço institucional político, quer como decorrências da iniqüidade socioeconômica imperante, quer como expressões de uma cultura incivil ou de outros condicionantes culturais.

Permanecendo dentro do esquema explicativo fornecido pelo *ethos* público, o *quid* parece residir na primazia conferida a um dos elementos como alicerce dos outros, pois, como sugerido pela citação do parágrafo anterior, a idéia da ausência de uma cultura cívica moderna reintroduz, como contrapartida, o argumento da perseverança — ou da reposição por vias modernas — de uma tradição cultural avessa às formas abstratas de solidariedade. Com efeito, se a indistinção entre o público e o privado e a apropriação particular do público podem derivar de fatores mais ou menos conjunturais, de origem específica — arranjos institucionais, situações contextuais, posições sociais concretas —, uma vez introduzida a tese da carência na sociabilidade — "ter alguma consciência cívico republicana" —, tudo encaixa em quadro de macrodeterminações de longo prazo, cuja lógica põe, mais do que constrói, as características do espaço público.[12] Em interpretações afastadas de posturas afirmativas como as de O'Donell e DaMatta[13] — autor que em virtude de sua influência merece tratamento à parte —, diagnósticos acerca da configuração do espaço público como os de Vera Telles, Marilena Chauí ou José de Souza Martins incorporam aspectos do *ethos* no quadro maior de determinações históricas e sociológicas. Ainda assim, trata-se de terreno escorregadio e povoado de ambigüidades, difícil de ser equacionado e balizado onde se começa ou não a operar a lógica do *ethos* público. É claro que organizar o pensamento a partir da caracterização da sociabilidade não é necessariamente sinônimo de nenhuma forma de culturalismo, e que, portanto, a afirmação da constância de relações sociais antiindividualizantes e incivis não implica necessariamente a reposição da lógica do *ethos*; poderia ser apenas uma notável coincidência morfológica quanto ao diagnóstico dos traços constitutivos da vida pública no país.[14] Porém, se o argumento da sociabilidade não for elaborado dentro de parâmetros contextuais restritos, e sim como atributo universal, o pressuposto de uma identidade imanente à que seria preciso se reportar parece incontornável. A despeito de ser muito atraente pela contundência de seus efeitos explicativos, a invocação de razões de semelhante teor — incivilidade, personalismo, sociabilidade precária, insolidariedade, sociabilidade incompleta e até "sociabilidade incapaz de constituir alteridade"[15] —, que fazem da moral pública imperante no tecido social o *locus* privilegiado das distorções do espaço público, corre o risco de reproduzir a lógica do *ethos*, pois, mais uma vez, os empecilhos para a edificação da modernidade nacional derivariam, em boa medida, da existência de feições identitárias comuns ao conjunto da população. Os pressupostos subjacentes a tal concepção já foram pródigos em conseqüências renovadoras para o pensamento político-social; hoje, é preciso um olhar cauteloso para não enveredar por essas trilhas aparentemente apagadas pelos avanços do conhecimento disciplinar. Os descompassos entre a norma e a moralidade, por vezes abissais, assim como a expressiva existência de formas de sociabilidade — no plural — que não comportam a efetivação de *determinados* direitos, constituem, sem sombra de dúvida, dilemas de extraordinária relevância para se pensar na configuração do espaço público no país; todavia, permanece em pé a complexa questão de como equacionar tais dilemas sem cair nas armadilhas do *ethos*.[16]

14. UMA INTERPRETAÇÃO AINDA AFIRMATIVA

Antes de se analisar as armadilhas cognitivas inerentes à reprodução do *ethos*, cumpre elucidar uma observação já antecipada: nem sempre sua lógica trabalha de forma velada, como paradoxo ou a contrapelo das intenções explícitas dos próprios autores, por assim dizer. De fato, Roberto DaMatta reivindica para parte de sua obra a posição de herdeira das preocupações culturais distintivas dos trabalhos seminais de Sérgio Buarque de Holanda e — com maior fidelidade — de Gilberto Freyre, em termos por vezes surpreendentes pela afinidade das interpretações, mesmo após décadas de críticas contra os riscos envolvidos na tentação de se definir a identidade nacional.[17] É fácil reconhecer em diversos trabalhos de DaMatta uma busca incansável não apenas para esquadrinhar as particularidades do "brasil" popular, esquecido pelas pretensões universalistas do "Brasil" oficial, segundo ele — feito de normas, regras políticas e cifras econômicas —, senão para alcançar — finalmente! — o "BRASIL": "maiúsculo por inteiro".[18] Em outras palavras, DaMatta visa encontrar o âmago capaz de definir "[...] um modo de ser, um 'jeito' de existir que, não obstante estar fundado em coisas universais, é exclusivamente Brasileiro".[19] Mais uma vez, embora de forma extemporânea, a renitência das feições culturais continuaria a emperrar a edificação da modernidade no país, ou seja, o problema ainda residiria nas origens culturais da nação, cuja permanência secular determinaria o "dilema brasileiro" enquanto incapacidade de conquistar cabalmente a democracia e a igualdade — baseadas na figura do indivíduo e no império efetivo da norma universal —: "O nosso dilema é a passagem de um estilo de fazer política tradicional, ibérico, clássico [...] para uma forma transparente".[20] Entretanto, mais próximo das formulações de Gilberto Freyre do que do diagnóstico de Sérgio Buarque, Roberto DaMatta julga equívoco grave caracterizar tal permanência como reminiscências ou arcaísmos fadados à extinção pelo contínuo crescimento de relações sociais modernas; para o autor trata-se de traços estruturais da sociedade, que organizam a vida em sistema dual: legal, universalista, individualizante, de aspirações democráticas e igualitárias, e a um só tempo hierárquico, relacional, explorador, desigual, particularista, personalista ou constituído sob o primado da intimidade.[21]

O sistema é dual mas não dicotômico, pelo que sua disposição interna não pode ser arquitetada mediante a oposição de pólos longínquos e excludentes; antes, responde a princípios funcionais diferenciados, cuja alternância opera no cotidiano ora impondo critérios abstratos e universais, ora restabelecendo hierarquias e privilégios derivados da inserção social da pessoa. A continuidade entre ambos os princípios e a existência de passagens para se ativar um ou outro, segundo as circunstâncias e os sujeitos envolvidos em cada situação, poderia sugerir a idéia de certo equilíbrio instável, que configuraria uma "geografia" do espaço público ambígua, porém não estruturada sob a predominância esmagadora do conjunto de valores personalistas em detrimento dos individualistas. Eis a questão nevrálgica para se compreender a ação do *ethos*, notavelmente revigorado na definição das características constitutivas do espaço público no diagnóstico de DaMatta. Na verdade, o princípio funcional moderno condensado na figura do indivíduo não é, na concepção do autor, mera forma sem nenhuma aplicação, mas sua efetividade defende-se mal e a duras penas diante do avassalador domínio das relações privadas e familiares, cuja inveterada tradição remonta, é óbvio, às origens culturais da nação. Ainda mais, a lógica abstrata e impessoal, própria ao espaço público, não seria percebida no plano existencial como algo valioso, e sim como ameaça, pois o exercício da lei tornaria vulneráveis as pessoas ao considerá-las como indivíduos, quer dizer, ao desconhecer as teias de relações e os vínculos significativos decorrentes de sua inserção social.[22] Nesse sentido, o espaço público, mais que possibilitar a vivência democrática da vida pública, condensaria a experiência da arbitrariedade e da espoliação; por isso, seus imperativos funcionais abstratos seriam sistematicamente desativados por todos aqueles que contassem com recursos para fazê-lo, restando a aplicação da lei apenas para os desvalidos, para quem, desprovido de relações pessoais ou de *status*, não pode arrostar as ameaças da despersonalização com o rito hierárquico do "você sabe com quem está falando?".

Em virtude da ampla ressonância atingida por essa idéia, vale a pena introduzir breve parêntesis. A frase "você sabe com quem está falando?" foi celebrizada por DaMatta como rito tipicamente brasileiro de restabelecimento da hierarquia social, em situações que apresentam o risco de se desfechar conforme critérios de igualdade. O rito mostraria de forma cristalizada o caráter relacional desta sociedade — avessa à igualação pelo exercício da lei —, cuja contraposição se encontraria no *"who do you think you are"*, próprio a uma sociedade como a norte-americana, regida pelo individualismo e pelo princípio da igualdade.[23] O autor parece atribuir demasiada importância ao uso social de uma expressão que, aliás, também conta com versões de sentido equivalente em outras línguas: no castelhano há o rotundo *"¿usted no sabe con quien está hablando?"* ou ainda *"¿usted no sabe con quien se está metiendo?"*; e mesmo no inglês "igualitário" dos Estados Unidos é comum ouvir *"I know people who knows people"*. Tomando como ponto de partida o "você sabe com quem está falando?", enquanto mostra emblemática para refletir na especificidade do autoritarismo na sociedade brasileira, O'Donell desenvolveu análise por contraste com o autoritarismo da sociedade argentina, simbolizado pelo "e eu com isso" — *"a mi que me importa"*.[24] É claro que o sentido de semelhante expressão não apenas existe na Argentina ou é bastante usado, com a mesma ênfase, em outros países da América Latina de língua hispano-americana; também nos Estados Unidos é muito comum se ouvir o pouco polido *"I don't give a shit about it"*. A intuição inicial de DaMatta despertou ao contato com as páginas de *A volta do gato preto*, sugestivo título de um dos livros de memórias de viagem escritos por Erico Verissimo — desta feita narrando sua estadia de dois anos nos Estados Unidos, em meados da década de 1940.[25] Após refletir acerca da simplicidade dos grandes acadêmicos norte-americanos, Verissimo evoca a imagem de "certos homens presunçosos de minha terra" que julgam ser "o sal da terra e vivem a perguntar: você sabe com quem está falando?"; curiosamente, na mesma obra o autor relata que "e eu com isso" fora a resposta de Heitor Villa-Lobos ante a seus serviços solícitos como tradutor do protocolo em cerimônia de homenagem ao maestro.[26] De novo, apresenta-se o problema de como lidar com a dimensão da cultura sem cair na tentação de "encontrá-la" cristalizada e prestes a ser decodificada em elementos tão simplificados — sejam eles lingüísticos ou de outra índole.[27]

Retomando o percurso da argumentação, para DaMatta o espaço público aparece funcionalmente tolhido pela pertinácia de uma sociabilidade que, aparando-lhe as pretensões universalistas, se apropria dele e o transforma em extensão amena da vida privada, criando imensa área cinzenta de mediação social: área de encontro entre o "brasil" e o "Brasil", entre a tradição e o moderno, não sendo a rigor apenas privada, porém tampouco pública. Se a dualidade público/privado é constitutiva do mundo moderno como separação de domínios, unidos por uma visão de mundo que lhes confere funcionalidade complementar, o especificamente "brasileiro" residiria na tendência à contemporização de ambos os termos sob a égide de uma sociedade relacional — embora a ideologia do mundo público-político e do mundo privado sejam conflitantes no contexto cultural deste país. Em outras palavras, se a casa & a rua — retomando uma tensão cara ao autor, na esteira de Freyre — são domínios distintos aqui e alhures, no Brasil "[...] vivemos em uma sociedade onde existe uma espécie de combate entre o mundo público das leis universais e do mercado; e o universo privado da família [...]",[28] sendo que o último termina por imprimir sua coloração no primeiro. Na tentativa de reverter tais deturpações e de constituir um espaço público efetivamente moderno, teria se acreditado desmedidamente na capacidade transformadora da lei; entretanto, essa confiança quase cega, associada ao esquecimento da singularidade cultural do país, apenas teria contribuído para o fortalecimento do mundo da casa, do personalismo, da "supercidadania" doméstica, enfraquecendo o princípio funcional do mundo público — "subcidadania" da rua.

> Eis o que parece ser o dilema brasileiro. Pois temos a regra universalizante que supostamente deveria corrigir as desigualdades servindo apenas para legitimá-las, posto que as leis tornam o sistema de pessoas mais solidário, mais operativo e mais preparado para superar as dificuldades colocadas pela autoridade impessoal da regra.[29]

A caracterização da vida pública e de suas conseqüências deletérias para a configuração do espaço público, tal e como desenvolvida por DaMatta, confere renovado vigor à lógica do *ethos* e, em última análise, vai além dos diagnósticos legados por Sérgio Buarque de Holanda e por Gilberto Freyre. Para o primeiro, a oposição entre as práticas e valores da tradição rural, de um lado, e a paulatina expansão da vida moderna — urbanização, relações salariais, participação política —, do outro, não admitiria conciliações a longo prazo. Entrementes, para Freyre a herança patriarcal sobreviveria suavizada como pendor pelos poderes autocráticos de cunho paternalista no plano da cultura política, mas sua força minguaria na vida da sociedade tanto pelas mudanças decorrentes da urbanização quanto pela consolidação e aumento do poder político público — que munido de crescentes recursos legais teria contribuído, mediante variadas posturas municipais, à consagração dos direitos da rua perante a lógica invasora da casa. Por isso, malgrado a perpetuação da identidade em feições culturais amenizadas de índole semipatriarcal, Freyre confia no desempenho da lei como constituição progressiva de um âmbito resguardado das influências do *ethos*, consolidando a lógica abstrata da rua. Já na leitura de DaMatta, a lei não apenas não escapa ao controle do mundo privado, mas torna-se expediente de reposição perpétua do *ethos*, fechando uma espécie de círculo perverso. A notável popularidade das formulações desse autor, acima esboçadas, merece sem dúvida reflexão acurada. Parece correto afirmar a esse respeito que as perguntas e respostas mais pertinentes teriam de ser elaboradas no terreno da sociologia do conhecimento; abordagem capaz de elucidar, para além da pertinência cognitiva no plano dos campos disciplinares, o jogo de condicionantes que fazem com que determinada interpretação seja socialmente aceita e, sobretudo, promovida como conhecimento válido e relevante.

15. OS FLANCOS DO CONHECIMENTO E DA REPRESENTAÇÃO

A lógica do *ethos* público continua a ser reproduzida de forma fragmentária e pontual a partir de perspectivas analíticas muito diversas, por via de regra como hipótese *ad hoc* para arrematar caracterizações do espaço público que não mais partilham os pressupostos mais ou menos essencialistas da literatura afirmativa acerca da brasilidade. Permanece como incógnita não equacionada o fato de ser possível se apelar à hipótese do *ethos* sem produzir estranhamento, seja nos autores que lançam mão dela, seja no debate da crítica especializada. Não parece descabido afirmar que tal operação é viável porque condizente com *representações* largamente aceitas acerca de certos traços constantes na vida pública do país. Na verdade, quando se introduz a hipótese no decurso de reflexões voltadas para apreender as feições constitutivas do espaço público, ela funciona mais como arremate explicativo pela ratificação de noções presentes no senso comum, do que como problematização ou especificação de questões a serem elucidadas. Essas *representações* amplamente aceitas constituem, decerto, algumas das conseqüências mais abrangentes e duradouras da literatura que originalmente montou a lógica do *ethos*, e merecem especial atenção. Como já argumentado em passagens anteriores, a força inicial do *ethos* emanou de sua subordinação a um discurso inovador e bem-sucedido sobre a originalidade da matriz cultural que constituiu o fulcro da identidade nacional. Contudo, a reprodução atual do *ethos* não pode ser deduzida de sua concepção originária, nem é cabalmente compreensível pelo aparente esvaecimento de seus vínculos com qualquer forma de discurso substantivo sobre a identidade nacional, pois permanece em pé o problema anteriormente formulado: a "licença tácita" — impensada — para se invocar a hipótese do *ethos*. Nesse quadro incompleto, a existência de certas *(auto)representações* isentas de controvérsia, porque amplamente compartidas, contribui para repensar o assunto de forma mais acurada, embora ainda insatisfatória. Há diversas formas de lidar com a história, mas desde que o propósito seja a produção, sistematização e transmissão de seu conhecimento, parece existir um registro duplo no campo da historiografia, que apresenta interessantes implicações para se pensar na relevância e conseqüências dos desenvolvimentos da década de 1930 aqui analisados. Trata-se da historiografia como conhecimento e como representação.[30] Não são, é claro, opções totalmente exclusivas, e não raro convivem no corpo das mesmas obras; todavia, diferem em suas lógicas e sobretudo em seus efeitos e propósitos.

A história como objeto de conhecimento obedece a inúmeras regras e constrangimentos disciplinares, visando controlar aquilo que pode ser afirmado de forma legítima e os alcances e repercussões dessas afirmações; afinal, trata-se de gerar conhecimento novo e de torná-lo saber mediante a demonstração de suas condições de validez.[31] Já a história como representação preocupa-se fundamentalmente com a "necessidade" de sentido, e responde a tal inquietação conferindo direção mais ou menos unívoca e homogênea aos acontecimentos, assim encadeados e condensados em significação nítida para o presente. Para tanto, a representação dispõe de recursos proscritos do campo da historiografia como conhecimento, a saber, ampla liberdade de estilização, ênfase nos efeitos plásticos e, é óbvio, simplificação da temporalidade e dos processos. Nesse sentido, *Casa-grande & senzala* é por antonomásia a *representação* da história nacional: empenho de invenção da tradição pelo inventário das práticas sociais, narrada sob o império intemporal da sincronia, de esplêndida prosa vazada em recursos ficcionais, plena de tipos humanos estilizados que personificam a nação "toda" — inclusa a própria família do autor —; enfim, esforço ressumando o sentido da história como epopéia de gestação da identidade nacional. Daí que Omar Ribeiro Thomaz, em agudo golpe de vista, tenha comparado, como vimos, essa obra com a tradição muralista mexicana.[32]

Pois bem, embora pareça paradoxal, no longo prazo a permanência das idéias formuladas por Gilberto Freyre e por Sérgio Buarque de Holanda deve-se a sua distância do plano do conhecimento; isto é, decorre de seus conteúdos de representação, cuja vigência independe razoavelmente das exigências e avanços disciplinares. Isso permitiria compreender a melhor fortuna de *Casa-grande & senzala* diante de *Sobrados e mucambos*, livro de muito maior riqueza e atualidade; ou de *Raízes do Brasil* diante de trabalhos extraordinários como *Visões do paraíso*; ou ainda, o esquecimento da alentada obra de Fernando de Azevedo, desenvolvida quase por completo dentro do âmbito da historiografia como conhecimento e, portanto, sujeita a rápido envelhecimento. O caráter perene das representações também se estende à visão da vida pública como expressão do *ethos*, perpetuando-se como simples enunciação dos "nomes" correspondentes ao tipo de valores e comportamentos tidos como presentes no espaço público. Para além de sua pertinência cognitiva, a cristalização do *ethos* público como representação não se alimentou apenas de sua inserção no discurso da identidade nacional, mas partilhou com ele, e inicialmente graças a ele, pelo menos de duas fontes que dizem respeito à força das idéias, e mais particularmente das representações: a "simplicidade" e a "beleza".

No caso da força decorrente da "simplicidade", existem rápidos ganhos explicativos, embora não contribuam para a melhor compreensão dos fenômenos visados pelo analista. Na medida em que a incorporação da lógica do *ethos* pressupõe, como fatores explicativos de caráter cultural, a aceitação de conteúdos morais e práticos de uma abrangência extraordinariamente flexível, parece claro que se elevam de forma sedutora as possibilidades de encontrar respostas satisfatórias para inúmeros problemas. Isso se dá porque as determinantes culturais, se postas no nível de abstração de uma identidade universal, isto é, "verdadeiramente" nacional ou brasileira, parecem se adequar a qualquer pergunta, fornecendo explicações convincentes para amplo leque de questões — no caso, relacionadas às insuficiências e distorções características do espaço público. Dentro dos marcos dessa perspectiva, a abordagem de problemas é simplificada pela focalização de um conjunto de fatores altamente maleáveis e de difícil contestação devido à ubiqüidade de seu caráter cultural. Vista a realidade através da ótica do *ethos*, produz-se um efeito de ordenação ou alinhamento de problemas e explicações, uma nitidez no olhar com qualidades de simplificação: a continuidade cultural de um *ethos*, previamente modelado e pressuposto pelo observador, explica comportamentos sociais e perversões institucionais. A compreensão de certas determinações culturais opera, assim, como se fosse crivo a reter o estorvo de volumosas condicionantes supérfluas, hierarquizando para a reflexão o permanente e estrutural — já separado do efêmero e conjuntural.

Ainda é possível considerar que à simplicidade somou-se, não raras vezes, a beleza.[33] A idéia do *ethos* público enquanto condensação de longínquos processos históricos, que fazem dele responsável e produto da inexistência de um espaço público moderno, fora desenvolvida e consolidada no meio de belíssimas reflexões, cujos efeitos compensam, no terreno da contundência estilística dos argumentos, o nível de generalização necessário para preservar a verossimilhança das qualidades homogeneizadoras da brasilidade e do *ethos*. Para os traços da idiossincrasia assumirem a função de explicações conceituais na caracterização do espaço público se requer um desenvolvimento suficientemente geral, porém atraente pelo seu apelo à densidade histórica da cultura. Assim, é possível sustentar esses traços como chave de interpretação de uma realidade diversa e complexa. Generalização e historicidade definem uma dupla exigência a ser conciliada na construção analítica da identidade e do *ethos*; tal exigência pode encontrar interessante resposta no nível do relato belo, cuja narrativa consegue construir continuidade sobre a mudança, homogeneidade sobre a diferenciação, unidade sobre a dispersão, congruência sobre o acidental e plenitude de sentido sobre processos históricos de caráter fragmentário e desigual — perpassados pela perda das significações "originais".

Se a despeito de não poder se desvencilhar totalmente de certos pressupostos culturais controversos, o *ethos* ainda é passível de invocação como hipótese *ad hoc* sem causar estranhamento — mesmo em autores críticos dos discursos em busca da identidade nacional —, isso decorre, em algum grau, da cristalização e larga aceitação de (auto)representações acerca da sociabilidade incivil imperante no país. A lógica do *ethos* parece sobreviver, hoje, combinando sua presença em ambos os flancos de uma relação difícil de se equacionar, cuja análise mais autorizada recai no âmbito da sociologia do conhecimento: de um lado, o da construção do conhecimento, como herança já muito diluída de uma literatura que revolucionara tanto o pensamento político-social quanto as abordagens e conteúdos disciplinares; do outro, o do contexto social de produção e recepção desse conhecimento, como (auto)representação da vida pública no país, que emigrara daquela literatura para conquistar o terreno do senso comum — na acepção não depreciativa do termo. Destarte, a introdução *ad hoc* do *ethos* como hipótese explicativa aparece naturalizada, por assim dizer, pela existência do próprio *ethos* enquanto substrato de representações comuns e largamente aceitas sobre o tipo de comportamentos dominantes na vida pública. Tal formulação, é claro, não permite uma compreensão sequer aproximativa dos motivos subjacentes à relevância e perenidade dessas representações, apenas aponta para a coincidência entre os planos do recurso explicativo e das representações, como fator que contribui para o entendimento da reprodução difusa do *ethos* público na literatura preocupada com a caracterização do espaço público no Brasil. Como mencionado, respostas menos limitadas poderiam ser elaboradas nos marcos da sociologia do conhecimento, ou talvez da antropologia, mas tal esforço excede os alcances e competência desta análise.

16. AS ARMADILHAS: TAUTOLOGIA E "ANOMALIZAÇÃO"

Apesar de sua importância verdadeiramente notável na tradição do pensamento político-social brasileiro e de sua sobrevivência difusa na literatura, a ótica do *ethos* apresenta, todavia, alguns riscos e distorções analíticas que é preciso superar e que, no limite, têm se convertido em sérios obstáculos aos avanços para uma melhor compreensão do espaço público no país — particularmente se consideradas tanto suas limitações quanto outros aportes passíveis de assimilação, gerados pelo desenvolvimento do debate teórico internacional nas últimas décadas do século XX. Não é apenas um problema de *aggiornamento*, sempre suspeito de continuar com a conhecida tradição latino-americana de assimilação das ondas intelectuais que vigoram pelo mundo afora, mas de mudar o registro no qual tem sido apresentada a problemática do estatuto do público, visto que, sob a influência difusa do *ethos*, a riqueza ou complexidade e transformações ocorridas no espaço público costumam permanecer ocultas sob as linhas mestras de um substrato cultural ubíquo. Quais, então, os riscos e até distorções presentes na lógica do *ethos* público, sobre os quais é pertinente reparar visando desbravar o terreno para eventuais reconstruções mais compreensivas da configuração do espaço público no Brasil? Parece óbvio que recusar a ubiqüidade dos condicionamentos culturais carece de sensatez, pois tudo é cultura e tudo está por ela constituído; entretanto, avaliar a pertinência de se aceitar como satisfatórias determinações "oniexplicativas" não apenas é desejável, mas necessário. O privatismo, a cordialidade, o paternalismo, a dádiva, o familismo, a incivilidade, o intimismo, a aversão ao conflito, a insolidariedade, o particularismo, a passividade e tantas outras características semelhantes — algumas decerto mais "pitorescas" como a "malandragem", o "jeitinho" ou a "moleza" — exprimem a lógica do *ethos* enquanto prevalência de diversas formas de realização do privado sobre o público, e, sem dúvida, têm sido e são passíveis de usos e abusos nas mais diversas argumentações para explicar distintos problemas da vida e do espaço públicos no Brasil.

Na verdade, é bem conhecido que um "sistema" de determinações com capacidade para explicar "tudo" — nesse caso mediante causalidades culturais — termina produzindo uma compreensão sobre quase nada ou, com maior precisão, acaba por entabular relações nominais com a realidade, gerando a ilusão de entendimento. Não se trata de nada além de certas exigências epistemológicas, clássicas desde Karl Popper, segundo as quais toda verdade imbatível é uma verdade "defeituosa", e não uma formulação "virtuosa" ou "perfeita"; o que é equivalente a dizer que a efetividade de uma explicação depende de nela estarem contidos os limites da sua validade — as condições de sua *demarcação* e *falseação*, segundo a terminologia do autor.[34] Malgrado tal formulação ser adequada para assinalar os riscos inerentes à introdução pouco mediada de determinantes culturais, é preciso reconhecer que se fossem levados até as últimas conseqüências os postulados da epistemologia popperiana, seria procedente renunciar à análise desenvolvida no presente capítulo e descartar os diagnósticos e enunciados decorrentes da lógica do *ethos*: ora porque a ubiqüidade de suas determinações culturais escapa, a rigor, de todo critério de *falseação* — sendo, portanto, "não-científicas" —; ora porque qualquer exercício para *contrastar* empiricamente seus conteúdos mostraria a inconveniência de trabalhar com teses culturais nesse nível de generalidade — sendo, em conseqüência, "falsas". A especificidade da construção de conhecimento nas ciências sociais não pode ser apreendida de forma cabal por uma crítica epistemológica com tais restrições, pois, embora seja aplicável aos resultados de amplo espectro de pesquisas, deixa literalmente à margem problemas relevantes para esse tipo de conhecimento mediante a *demarcação* nítida entre aquilo que é e não é ciência.

Asseverar o caráter "não-científico" ou "falso" das diversas formulações animadas pelo *ethos*, isto é, remetê-las ao terreno daquilo que pode ser afirmado, mas cujas pretensões de validez devem ser ou suspensas, na primeira opção, ou recusadas, na segunda, desloca e no limite dispensa o esforço da crítica, pois por essa via evita-se entrar na dinâmica interna do discurso em questão. Popper era ciente das implicações de tal recorte e por isso delegou a análise da gênese, conformação e operação das idéias à chamada "psicologia *empírica*", que, no entanto, deveria rechaçar por princípio qualquer tentação de elucidar os processos para se conceber idéias novas. A "psicologia empírica", nos moldes popperianos, apresenta restrições semelhantes às de sua epistemologia da pesquisa científica, cancelando a possibilidade de se lidar analiticamente com arcabouços discursivos de pretensões empíricas, cuja congruência e coerência não são passíveis de equacionamento mediante o critério da *demarcação*. A ênfase de Popper na índole empírica dessa psicologia obedece à sua ferrenha crítica contra o "psicologismo epistemológico"; no entanto, a despeito de suas lúcidas formulações, as reflexões epistemológicas oriundas da psicologia construíram campo fértil de trabalho para se pensar em problemas próprios das ciências sociais.[35] Para avançar na crítica às armadilhas cognitivas do *ethos* parece mais pertinente se pensar, então, em termos das preocupações que Gaston Bachelard sintetizou na atinada expressão "psicologia do erro": esforço dirigido ao esclarecimento da operação de *obstáculos epistemológicos*.[36] Nesse sentido, as armadilhas do *ethos* podem ser concebidas como barreiras de pensamento contra o próprio pensamento. Ao introduzir o *ethos* na caracterização do espaço público realizam-se normalmente duas operações, que geram efeitos de explicação sem acréscimos quanto a compreensão dos problemas visados pela análise: a primeira, assinalada mais de uma vez no percurso destas páginas, mas ainda sem formulação precisa, é o raciocínio circular ou tautológico; a segunda, menos evidente e cuja avaliação será efetuada com maior detalhe, pode ser denominada sucintamente como definição pela ausência ou pela anomalia.

Quanto à primeira operação, a excessiva flexibilidade e ambigüidade das determinações culturais do *ethos* público acarretam, curiosamente, o efeito contrário, a saber, um determinismo cultural ao mesmo tempo incontornável e insuperável. É como se certa "natureza" cultural desvirtuasse todas as tentativas de transformação intencional da realidade para restaurar-se a si mesma, fazendo com que tudo mude para permanecer igual. É impossível negar a existência de uma permanente determinação cultural, sendo que a distância entre ela e um determinismo cultural reside na ausência de mediações; entretanto, essa ausência, que normalmente decorre da ortodoxia e rigidez analíticas, parece produzir-se, neste caso, não porque qualquer ortodoxia impeça a consideração de mediações, mas porque a ambigüidade e a flexibilidade extremas do *ethos* público fazem com que seja factível encaixá-lo sem mediações como resposta circular para um leque enorme de problemas. Propõem-se como razões explicativas um conjunto de predicados que, na realidade, formam parte dos atributos pressupostos na definição do sujeito — *o ethos* —, pelo que o raciocínio discorre de maneira circular. A tautologia é sempre impecável: uma vez introduzido o *ethos*, seja como chave explicativa da configuração do espaço público no geral, seja perante algum problema mais específico, identificam-se os comportamentos já pressupostos no próprio *ethos* e de imediato produz-se a *explicação*, sem proveito para a *compreensão*, precisamente pela "descoberta" da presença do *ethos* como substrato organizador das relações que definem a vida pública no país.[37]

A segunda operação traz à tona uma característica bem conhecida na historiografia do pensamento político-social: a assimilação de referentes conceituais que geram uma relação ambígua de positivação e negação entre o intelecto e a realidade, porque quando aplicados ilumina-se a ausência de certos atributos na realidade e, como contrapartida, obscurece-se a especificidade daquilo que efetivamente está presente.[38] Ao fixar o olhar em uma espécie de ensimesmamento cultural, se defrontando com uma idiossincrasia renitente, os diagnósticos que invocam a lógica do *ethos* público não raro encerram fortes exigências normativas ancoradas num modelo cívico.[39] Esse modelo simboliza o dever ser da vida pública e do estatuto do público perante o estatuto do privado, e pressupõe a multiplicação de cidadãos de certo padrão, o robustecimento das instituições republicanas e a vitalidade de uma ativa convivência social civilizada e tendencialmente igualitária. Nesse sentido, o *ethos* público é constituído e explicado como negação do modelo cívico, como afirmação da ausência de suas qualidades ou como uma forma de presença incompleta e até perversa das mesmas: "O brasileiro político é, assim, o resultado de um produto histórico irregular, deformado e incompleto, como irregular e deformado é o curso da vida do Estado brasileiro".[40] Determinações de origem cultural, extensivamente mencionadas em páginas anteriores, que imprimem diversos matizes no privatismo monocromático do *ethos*, têm perfilado uma caracterização do espaço público no Brasil a partir de certa tipificação da anomalia, isto é, de um conjunto de falhas e ausências congênitas que fazem com que a configuração desse espaço seja definida por sua estruturação em negativo: como afirmação daquilo que não é ou como negação do que deveria ser. Em decorrência dos vícios e peculiaridades da vida pública, no Brasil teria sido construído um "espaço público não-público", uma pertinaz "indistinção entre o público e o privado", um "espaço público privatizado" — negação, não-configuração e positivação pervertida do modelo, respectivamente. A disposição estrutural dessas anomalias solaparia de forma sistemática as possibilidades de constituição de um espaço público realmente moderno. Ainda mais, embora a detecção da anomalia seja procedimento canônico no avanço do conhecimento — por via de regra como dispositivo mental que cumpre a função de chamar a atenção sobre aquilo que, normalmente de importância menor, não pode ser satisfatoriamente encaixado em um quadro explicativo maior —, neste caso, a anomalia transborda de sua função de assinalar aquilo que destoa do "normal", que escapa à norma posta pelo pensamento, e atinge o patamar de natureza definidora.[41] Tratar-se-ia de um fenômeno — o espaço público no Brasil — definido não pelo que é, mas por aquilo que constitutivamente é impedido de ser, por seu caráter anômalo, reproduzindo o achado do "nacional por subtração" — para tomar emprestada, de forma algo imprecisa, a arguta formulação de Roberto Schwarz.[42] A compreensão do espaço público com base nessa lógica da anomalia — isto é, sua "anomalização" como expediente explicativo — traz consigo o risco de apagar sua especificidade, impedindo a percepção das diferenças por trás do alto contraste produzido pela comparação entre o modelo cívico e aquilo que não se comporta nem ordena segundo seus cânones. Esse efeito de indiscernibilidade permite entender que caracterizações correntes e aceitas acerca da vida pública sejam formuladas, como mostrado anteriormente, em termos de "incivilidade", de uma "sociabilidade incompleta" — porque incapaz de constituir alteridade — ou de uma "indistinção entre o público e o privado". É patente que a identificação mediante a falta só acontece na medida em que se espera encontrar alguma coisa — ora mais civilidade, ora uma sociabilidade "completa", ora uma fronteira nítida entre os âmbitos do público e do privado — que não aparece como é normativamente esperada e, em conseqüência, o que aparece como especificidade não é adequadamente reconhecido ou diferenciado para além da sua indefinição sob a forma da negação ou da ausência. Os alicerces fornecidos pelo *ethos* nesse tipo de caracterização do espaço público não são sólidos o suficiente para responder satisfatoriamente a perguntas que introduzem a questão do reconhecimento da especificidade. Isso se torna claro quando examinada a pertinência analítica de idéias, como, por exemplo, "incivilidade", "sociabilidade incompleta" ou "indistinção entre o público" — entendendo por pertinência o tipo de concreção real sugerido por tais idéias.

Ao resgatar a questão da especificidade diante de semelhantes caracterizações do espaço público, animadas pelo primado da ausência, surgem sérios problemas. Primeiro, caberia interrogar sobre os efeitos de tratar outra forma intrincada de civilidade como pura "incivilidade" — particularmente se considerado o despropósito de se conceber a sobrevivência de uma sociedade complexa sem padrões de conduta normativos e universalmente aceitos no que diz respeito ao relacionamento com os outros. No limite, isto também colocaria em questão, como um contra-senso, a idéia de uma "sociabilidade incompleta", pois além da dificuldade de imaginar uma "sociabilidade vácua", é dificilmente defensável, com exceção de casos absolutamente extremos, a hipótese de uma sociabilidade que não constitui alteridade — uma espécie de "sociabilidade psicótica", quer dizer, tomando emprestada a analogia da psicanálise, regida por alguma forma de abolição das diferenças e semelhanças entre o eu e o outro. Já no caso da "indistinção entre o público e o privado", é curioso constatar que, enquanto a maior parte da literatura que invoca o *ethos* coincide em uma descrição bastante homogênea quanto ao comportamento social na vida pública, uma conclusão comum seja afirmar a endêmica incapacidade da sociedade brasileira para delimitar o público e o privado. Se existe uma forma sistemática de relacionamento com e na vida pública, não cabe firmar a indistinção como traço definidor, tanto porque ninguém parece agir no espaço privado como se estivesse no público, quanto porque parece existir de fato uma distinção na medida em que há um padrão de conduta generalizado para quem atua dentro dos confins desse último. Na verdade, seria mais correto afirmar a esse respeito que, conforme as caracterizações animadas pela lógica do *ethos*, "público", antes de carecer de um sentido diferenciado, significa consistentemente "de livre apropriação privada". Formulação essa não aplicável ao âmbito privado com outra lógica constitutiva que não a da livre apropriação.

Não é o propósito desenvolver uma leitura do espaço público no Brasil orientada, agora, pela caracterização da vida pública como sendo regida pela "livre apropriação privada". Embora pertinente quanto à maior especificidade da sua formulação dentro dos marcos estabelecidos pelo pressuposto de um *ethos* universalmente partilhado, permanece, é óbvio, no terreno problemático da apreensão dos traços de uma identidade cultural abrangente. Os três exemplos acima simplesmente cumprem a tarefa de mostrar as dificuldades geradas pela lógica do *ethos* — e suas operações: raciocínio circular e banalização da anomalia — para avançar rumo a um entendimento mais compreensivo e satisfatório da configuração do espaço público no Brasil. Na verdade, tanto o raciocínio circular como o apelo à anomalia, alicerçado na pressuposição de um modelo cívico, funcionam com harmonia entre si na interpretação do espaço público: ambas as operações se organizam estabelecendo relação complementar, na qual presença e ausência estão imbricadas como se fosse uma relação entre côncavo e convexo. Uma vez introduzido o *ethos*, a primeira operação repõe as feições do espaço público, por definição pré-modernas, enquanto a invocação da anomalia repõe o modelo cívico que, pelo contrário, é inerentemente moderno.

Sem dúvida, o *ethos* como chave de interpretação do espaço público oferece um campo de análise sumamente construído e pleno de determinações elaboradas por longa tradição de desenvolvimentos sociológicos, historiográficos e antropológicos. Considerando que a compreensão dos constrangimentos culturais profundos é uma preocupação consoante com a lógica do *ethos*, parece razoável admitir que essa perspectiva continuará a ser reatualizada em virtude de sua ênfase, precisamente, na dimensão dos condicionamentos sociais de índole cultural. Ainda mais se contemplado que esses condicionamentos nem sempre foram apreciados na sua devida importância na análise sociopolítica, como não raro ocorreu, por exemplo, com estatísticas eleitorais e em torno das instituições políticas fazendo as vezes de diagnósticos sobre os traços da cultura política no país.⁴³ Porém, a qualificação do *ethos* como obstáculo de pensamento para a melhor compreensão do espaço público, em definitivo, não diz respeito à necessidade de desconsiderar a dimensão do cultural, mas de outorgar-lhe seu devido peso, de ponderá-la com respeito a outras instâncias constitutivas da configuração do espaço público, as quais, por certo, são inesgotáveis nos condicionamentos próprios de um *ethos*. Dispensar complexas problemáticas envolvidas com o mundo institucional, com os sistemas de comunicação social ou com a organicidade do tecido social, ou talvez melhor, tentar explicá-las mediante o uso interpretativo de um *ethos* compartilhado pelo conjunto da sociedade, é delir sua especificidade, apagá-la pela onipresença de condicionamentos soterrados e inatingíveis. Não porque os processos de institucionalização de interesses, de comunicação ou de organização voluntária da sociedade escapem à herança de fatores culturais, mas porque tais processos e as histórias que os produziram são ininteligíveis a partir de uma abordagem cuja tônica privilegia apenas a dimensão do cultural — sobretudo se essa dimensão é concebida dentro da camisa-de-força do *ethos* como inércia determinante da vida pública. O que está em jogo, em última análise, não é o caráter hoje implausível da lógica do *ethos* e sequer sua indesejável reprodução, vistas suas limitações e o ônus de sua incorporação para a análise do espaço público, mas a busca de outros subsídios e outras formas de se equacionar os efeitos constitutivos da cultura na vida pública.

Na idéia dessa busca não há nenhuma insinuação no sentido de restringir o tratamento da cultura a seus aspectos mensuráveis; tampouco a sugestão de aferir, *stricto sensu*, uma dimensão social de tamanha complexidade, pois minguar-se-ia, como petição de princípio, a força heurística de uma das tradições mais fecundas do pensamento político-social. Trata-se nada mais, embora nada menos, da incessante e cumulativa elaboração de novas mediações analíticas — atualmente gastas e quase esvaziadas por completo na lógica do *ethos*. De fato, as melhores apropriações hodiernas dessa tradição, ainda que pouco comuns, continuam a desenvolver extraordinários trabalhos de *interpretação*, como mostrou recentemente Rodrigo Naves em sua instigante passagem estética da "dificuldade de forma à forma difícil".[44] A esteira da intuição que aponta para a existência de vínculos relevantes entre ambigüidade do mundo social e a dificuldade de se generalizar formas comuns de percepção, apreensão e recreação da realidade — quer no âmbito literário, das artes plásticas, da reflexão intelectual, quer no plano da autopercepção social — encontra-se esparsa aqui e acolá de maneira descontínua em autores de envergadura. Já em 1936 Sérgio Buarque de Holanda expressou, muito tangencialmente, que "[...] nossa aparente adesão a todos os formalismos denuncia apenas a ausência de forma espontânea [...]".[45] Também Antonio Candido, em texto seminal para a crítica literária a propósito da obra de Manuel Antônio de Almeida, *Memórias de um sargento de milícias*, consagrou o trânsito da ordem e desordem social para ordem e desordem como opção formal narrativa.[46]

Porém é nos trabalhos de Roberto Schwarz que tal intuição é definitivamente conquistada, para o plano da reflexão sistemática, como vetor interpretativo que visa o mundo em direção dupla: no campo literário, traça caminhos para a releitura da historicidade da forma, no romance machadiano, como matéria-prima pacientemente burilada pela escrita; no terreno *sociológico*, a riqueza da produção artística, sua especificidade estética cristalizada na forma, torna-se acurado diapasão da vida social, assinalando para o olhar atento o ambíguo espectro das formas de sociabilidade imperantes. Para o autor, o estilo caprichoso da prosa de Machado de Assis em *Memórias póstumas de Brás Cubas*, antes de ser disposição estilística casual, obedece a um princípio narrativo rigoroso; por isso, aquilo que parece acidental em inusitada combinação de falso virtuosismo, erudição, escárnio, volubilidade, manipulação do leitor e desfaçatez, pode ser lido no interior da coerência de uma unidade formal que, por sua vez, recria a matéria bruta das formas de sociabilidade.[47] Já em 1958, Raymundo Faoro encerrava sua obra clássica com uma formulação intuitiva desse vínculo: "A civilização brasileira, como a personagem de Machado de Assis, chama-se Veleidade, sombra coada entre sombras, ser e não ser, ir e não ir, a indefinição das formas e da vontade criadora. É uma 'monstruosidade social' [...]".[48] Cumpre ressalvar que nessa perspectiva, isto é, nas passagens entre a forma social e a forma literária, inexiste qualquer reducionismo sociológico, pois longe de tratar a produção artística como *reflexo* do "real", sempre externo à obra, o texto encerra sua própria realidade, passível de decodificação apenas mediante a análise dos recursos ficcionais de construção formal nele empregados. A peculiaridade de Machado de Assis, pois não há pretensões de se erigir como postulado de teoria da literatura, é a redução sistemática da narrativa a um princípio formal que traduz a volubilidade e arbitrariedade das relações sociais não como discurso, senão, precisamente, como forma literária — afinal, trata-se da visão mordaz de *um mestre na periferia* (escravagista) *do capitalismo*, cuja modernidade estética bem pode encontrar símil crítico inverso nas letras acres de Baudelaire, o *poeta lírico no auge do capitalismo*.[49]

No trabalho de Rodrigo Naves, a exploração dessa veia para abordar a cultura, no sentido clássico do termo, aliada à acuidade estética do autor, produz uma crítica da arte brasileira em que a difícil resolução da forma pictórica confere concreção visual surpreendente — porque cifrada na forma — à estruturação dilacerada da vida social.[50] Afinal, é no reino da forma que podia ser resolvido o descompasso entre a instrução neoclássica de um pintor como Debret e uma realidade como a do Rio de Janeiro da primeira metade do século XIX, cujas características pouco edificantes eram dificilmente formalizáveis — e ainda menos dentro da preceptiva neoclássica.⁵¹ As conexões intrincadas entre a "dificuldade de forma" e a relutância às formas universais na vida social — firmada em sua violência no mundo privado, mas escamoteada na indefinição de seu reconhecimento explícito no mundo público — iluminam aspectos relevantes da sociedade contemporânea, particularmente de sua sociabilidade. A análise desses aspectos pode ser assimilada com proveito no âmbito das ciências sociais. Com efeito, as possibilidades abertas por tal apropriação não permaneceram despercebidas como chave para se pensar nos dilemas da modernidade no país, cujos processos de índole política nunca foram vigorosos e amplos o suficiente para contrabalançar a incorporação limitada da população pelos processos de caráter econômico:

> E mais que tudo, é nessa idéia de uma consciência literária dos duplos, das formas do falso, dos avessos, do descolamento entre forma e conteúdo, expressão do inacabado e inacabável, que está também posto o nosso justo medo da travessia, nossa condição de vítimas, mais do que beneficiários, da modernidade.⁵²

A esse respeito é oportuno trazer à memória uma das convicções mais arraigadas do pensamento autoritário, segundo a qual a sociedade brasileira carece de forma:

> Trata-se, isto sim, de dar forma ao que não a possui. É clara, sob este aspecto, a conotação forte do termo organização quando utilizado (e o foi com freqüência assaz cansativa) por Alberto Torres, por Oliveira Vianna, por Gilberto Amado e muito outros. Trata-se de imprimir forma, de produzir estrutura e diferenciação funcional numa sociedade percebida como amorfa, amebóide.⁵³

Se a escravidão e suas seqüelas foram óbice incontornável para consagrar a estrutura social em formas institucionais e de sociabilidade nítidas e para a universalização de formas de apreensão e representação da realidade, hoje a pergunta pertinente parece ser outra, embora a questão continue a ser, intuitivamente, os empecilhos para a generalização da forma como elemento comum da sociabilidade: que tipo de vida pública é gerada sob os efeitos da terrível heterogeneidade e desigualdade social — transformadas mas não superadas pelos processos de modernização vividos pelo país ao longo do século XX? É bem conhecido que o direito é a forma por excelência da sociabilidade moderna, centrada no indivíduo e na delimitação dos alcances e limites de seu interesse diante de outrem. A dificuldade da universalização de uma forma comum como alicerce da sociabilidade subsiste, pois a vivência efetiva do direito convive aqui com outras formas de se conceber e organizar a sociabilidade. A convivência dessas formas confere sua especificidade a uma vida pública que, a despeito de seus resultados, alimenta nos seus participantes uma representação do espaço público como se estivesse esvaziado de qualquer efetividade.

17. RETROSPECTIVA

A análise e as reflexões apresentadas no percurso destas páginas foram motivadas por uma constatação no mínimo curiosa: a recorrência da *vida pública* no pensamento político-social como chave para equacionar a configuração do *espaço público* no país. Essa centralidade da vida pública apenas parece cabalmente compreensível quando interpretada sobre o pano de fundo das dificuldades impostas pela noção moderna do público aos autores que, no segundo quartel do século XX, se empenharam em desvendar as características da realização histórica dessa noção no Brasil. A emergência do social no mundo moderno deu lugar à vida pública e, particularmente, à consociação privada como expediente legítimo para incidir na regulação da sociedade por intermédio das instituições políticas. Se a organicidade social responde a uma lógica autônoma, seus efeitos interagem com a *vida política* e dependem das possibilidades da institucionalização universal de interesses, isto é, do perfil histórico-político do Estado. Por sua vez, uma parte considerável dos processos de comunicação entre a vida pública e a política não mais transcorre dentro dos canais diretos de uma opinião pública nos moldes liberais clássicos; hoje, as condições daquilo que é comunicável com sentido público respondem à racionalidade altamente diferenciada da comunicação política no campo da mídia. Assim, a coincidência e os descompassos nas dinâmicas da organicidade do social, da institucionalização política de interesses pelo Estado e dos meios de comunicação interagem de forma complexa na configuração do espaço público; as três dimensões confluem na determinação do espaço público. Contudo, no Brasil, apenas uma dessas dimensões — a vida pública, ou melhor, suas mazelas — suscitou a atenção dos pensadores que, no século XX, procuraram desvendar as feições do espaço público (in)existente nesta sociedade.

Em outras palavras, as seculares tendências de consolidação da autonomia do social, do vertiginoso crescimento da imprensa e de uma sociedade letrada, bem como da consolidação dos Estados nacionais, subjazem como condições de possibilidade da constituição do espaço público moderno. É bem conhecido que a convergência desses processos de longa duração dificilmente encontra paralelo na história do país antes do fim do século XIX, e ainda assim de forma precária. Os públicos de auditores, o desafio oitocentista da construção de uma ordem política nacional e a continuidade do trabalho compulsório como fulcro da vida econômica e social definem um quadro particularmente problemático para se pensar na gênese do espaço público no Brasil. A recorrência da vida pública no pensamento político-social torna-se compreensível nesse contexto: primeiro, o mundo das instituições políticas representava índice pouco fiel da realidade social — pressuposto do desacoplamento entre a sociedade e o Estado —; segundo, a inexistência de camadas sociais significativas e organicamente vinculadas, capazes de encarnar interesses sociais amplos, minava a verossimilhança a qualquer proposta de vinculação moral abrangente — a "ausência de povo", a "insignificante lambugem de gente livre", a impossibilidade de uma "moral poderosa" e o "artificialismo" das idéias. Assim, a vida pública corrompida ou moldada pelo predomínio esmagador da uma vida privada — edificada sobre a escravidão — assumiu o estatuto de empecilho fundamental para a construção de um espaço público genuinamente moderno no país.

Na realidade, tanto a caracterização da vida privada quanto sua passagem para a vida pública permanecem indeterminadas no plano desses condicionamentos históricos gerais, visto eles terem sido o referente comum dos pensadores que, no final do Oitocentos e no primeiro quartel da centúria seguinte, ensejaram "explicações do Brasil". O signo distintivo de autores como Gilberto Freyre, Sérgio Buarque de Holanda, Nestor Duarte, Fernando de Azevedo e muitos outros que contribuíram para a extraordinária renovação do ambiente intelectual nos anos 1930 foi o tratamento da questão da "identidade nacional" sob universos inéditos de mediações conceituais, provindas dos campos da antropologia e da psicologia; isto é, tratou-se de uma vaga de reinterpretações da brasilidade como sedimentação secular cristalizada na cultura e no caráter nacionais. Há um repertório de *temas* característico dos discursos da identidade — exuberância da natureza, sensualidade, miscigenação, plasticidade social, qualidades ou francas deficiências do "povo" —; todavia, sua *reapropriação,* conforme as grandes preocupações de cada período e os cânones de pensamento vigentes, torna anacrônicas as leituras empenhadas em detectar as influências remotas e a reedição de idéias antigas na obra dos autores mencionados. Isso como se fosse possível transitar entre o arcadismo, o romantismo e o positivismo na chave de uma continuidade secular quanto ao modo de se perceber a brasilidade.

Nos trabalhos dos anos 1930, o vigoroso legado cultural luso, adaptado às condições populacionais e geográficas locais, e transformado com vagar na época colonial, gerou uma sociabilidade tipicamente nacional, cujos traços mais enraizados remetem sempre a um núcleo comum: a lógica patriarcal e privatista das relações sociais. É a força dessas feições identitárias que ao entrar no espaço público instaura uma espécie de racionalidade da açambarcagem: subsunção do público ao privado, do geral ao particular, do abstrato ao concreto. Assim, a projeção do privatismo para o espaço público opera no nível cultural da sociabilidade, ou seja, como um *ethos* público que torna a própria vida pública veículo de uma pré-modernidade pertinaz. Apesar de os autores analisados terem postulado a paulatina moderação e inclusive a extinção desse *ethos* público — ocasionadas pelas mudanças da modernização socioeconômica em curso —, ele continuou a ser utilizado como expediente *ad hoc* para explicar as insuficiências e distorções do espaço público no Brasil. O exame crítico da reprodução do *ethos* como *recurso explicativo* apontou os riscos do raciocínio tautológico e da "anomalização" da realidade como obstáculos de pensamento para avançar rumo a uma compreensão mais apurada da configuração desse espaço no país.

BIBLIOGRAFIA

ALENCASTRO, Luiz Felipe de. *Os luso-brasileiros em Angola: Constituição do espaço econômico brasileiro no Atlântico Sul 1550-1700*. Tese de livre-docência em História Econômica, Universidade de Campinas, 1994.

ALONSO, Angela. "Epílogo do romantismo". Dados — Revista de Ciências Sociais, vol. 39, n. 1, 1996, pp. 139-62.

AZEVEDO, Fernando de. *A cultura brasileira — Introdução ao estudo da cultura no Brasil*. São Paulo, Melhoramentos, 1964.

BACHELARD, Gaston. *A formação do espírito científico*. Rio de Janeiro, Contraponto, 1996.

BANFIELD, Eward. *The moral basis of a backward society*. Nova York, The Free Press, 1958.

BARBOSA, Lívia. *O jeitinho brasileiro — A arte de ser mais igual que os outros*. Rio de Janeiro, Campus, 1992.

BARTRA, Roger. *La jaula de la melancolía — Identidad y metamorfosis del mexicano*. México, Grijalbo, 1996.

BASTOS, Elide Rugai. "Gilberto Freyre e a questão nacional". In Reginaldo Moraes, Ricardo Antunes e Vera B. Ferrante (orgs.). *Inteligência brasileira*. São Paulo, Brasiliense, 1986, pp. 43-76.

———. "Os descendentes de Prometeu". *Mais!*, 12 de março de 2000, pp. 18-20.

BONFIM, Manuel, *América Latina: Males de origen*. Rio de Janeiro, Topbooks, 1993.

BOURDIEU, Pierre. *Cosas dichas*. Buenos Aires, Gedisa, 1988.

BRAUNSTEIN, Nestor. *Psicologia: ideologia y ciencia*. México, Siglo XXI, 1984.

CALIL, Carlos Augusto. "Introdução". In Paulo Prado, *Retrato do Brasil*. São Paulo, Companhia das Letras, 1997, pp. 7-31.

CALLIGARIS, Contardo. "Do homem cordial ao homem vulgar". *Mais!*, dezembro de 1999, pp. 4-10.

CAMINHA, Pero Vaz de. "A Carta de Pero Vaz de Caminha — Primeiro relato oficial sobre a existência do Brasil". São Paulo, *Folha de S.Paulo*, 1999, extraída de Jaime Cortesão, *Obras completas*. Lisboa, Imprensa Nacional/Casa da Moeda, 1994.

CANDIDO, Antonio. *Formação da literatura brasileira — Momentos decisivos, 1º Vol. (1750-1836)*. Belo Horizonte, Itatiaia, 1993.

———. *Formação da literatura brasileira — Momentos decisivos, 2º Vol. (1836-1880)*. Belo Horizonte, Itatiaia, 1993.

———. *Os parceiros do Rio Bonito — Estudos sobre o caipira paulista e a transformação dos seus meios de vida*. São Paulo, Duas Cidades, 1977.

———. "O significado de 'Raízes do Brasil'". (1967) In Sérgio Buarque de Holanda, *Raízes do Brasil*. São Paulo, Companhia das Letras, 1995.

———. *Literatura e sociedade — Estudos de teoria e história literária*. São Paulo, Companhia Editora Nacional, 1973.

———. *O discurso e a cidade*. São Paulo, Duas Cidades, 1993.

———. "A visão política de Sérgio Buarque de Holanda". In _____ (org.). *Sérgio Buarque de Holanda e o Brasil*. São Paulo, Fundação Perseu Abramo, 1998.

CANGUILHEM, Georges. *Le normal et le pathologique*. Paris, Quadrige/ Presses Universitaires de France, 1984.

CARVALHO, José Murilo de. "República e ética, uma questão centenária". In Renato Raul Boschi. *Corporativismo e desigualdade — A construção do espaço público no Brasil*. Rio de Janeiro, Rio Fundo Editora/ IUPERJ, 1991, pp. 31-41.

———. "Interesse contra cidadania". In Roberto DaMatta, et al. *Brasileiro cidadão?* São Paulo, Cultura Editores Associados, 1992, pp. 89-125.

———. *Desenvolvimiento de la ciudadania en Brasil*. México, FCE, 1995.

———. *Os bestializados — O Rio de Janeiro e a república que não foi*. São Paulo, Companhia das Letras, 1996.

———. *A construção da ordem — A elite política imperial*. Rio de Janeiro, Editora Campus, 1980.

CARVALHO, Mario Cesar. "Céu & inferno de Gilberto Freyre". *Mais!*, 12 de março de 2000, pp. 4-8.

CASO, Antonio. *Antologia filosófica*. México, UNAM, 1985.

CHAKRABARTY, Dipesh. "Historias de las minorías — Pasados subalternos". *História y Grafia*, nº 12, UIA, 1999, pp. 87-111.

CHAUÍ, Marilena. "Apontamentos para uma crítica da ação integralista brasileira". In Marilena Chauí e Maria Sylvia Carvalho Franco. *Ideologia e mobilização popular*. Rio de Janeiro, CEDEC/ Paz e Terra, 1978, pp. 17-149.

———. *Conformismo e resistência — Aspectos da cultura popular no Brasil*. São Paulo, Brasiliense, 1996.

———. "O mito fundador do Brasil". *Mais!*, 26 de março de 2000, pp. 4-11.

CHAUÍ, Marilena. *Brasil — Mito fundador e sociedade autoritária.* São Paulo, Perseu Abramo, 2000.
COMIN, Álvaro. "Regulação e desregulação do mercado de trabalho no Brasil". *Relatório para a Organização Internacional do Trabalho.* São Paulo, 2000.
COSTA, Cruz João. *Contribuição à história das idéias no Brasil — O desenvolvimento da filosofia no Brasil e a evolução da história nacional.* Rio de Janeiro, José Olympio, 1956.
_____. *Pequena história da República.* São Paulo, Brasiliense, 1989.
COSTA, Valeriano Mendes Ferreira. "Vertentes democráticas em Gilberto Freyre e Sérgio Buarque". *Lua Nova,* nº 26, CEDEC, 1992, pp. 219-48.
COUTINHO, Afrânio (org.). *Caminhos do pensamento crítico.* Rio de Janeiro, Pallas/INL, 1980.
COUTY, Louis. *A escravidão no Brasil.* Rio de Janeiro, Ministério de Cultura/ Fundação Casa de Rui Barbosa, 1988.
CUEVA, Agustín Cueva. "Reflexiones sobre la sociologia latinoamericana". In Marini Ruy Mauro Marini e Millán Márgara (orgs.). *La teoría social latinoamericana — Textos escogidos: la centralidad del marxismo,* v. III, México, UNAM/ CELA, 1995, pp. 379-97.
DAMATTA, Roberto. *Carnavais, malandros e heróis — Para uma sociologia do dilema brasileiro.* (1978) Rio de Janeiro, Editora Guanabara, 1990.
_____. "Um indivíduo sem rosto". In _____, José Murilo de Carvalho et al. *Brasileiro cidadão?,* São Paulo, Cultura Editores Associados, 1992, pp. 3-32.
_____. *A casa e a rua — espaço, cidadania, mulher e morte no Brasil.* Rio de Janeiro, Rocco, 1997.
_____. *O que faz o brasil, Brasil?* Rio de Janeiro, Rocco, 1997.
DEBRUM, Michel. *A "conciliação" e outras estratégias.* São Paulo, Brasiliense, 1983.
DINIZ, Eli e BOSCHI, Renato Raul. "O corporativismo na construção do espaço público". In Renato Raul Boschi (org.). *Corporativismo e desigualdade — A construção do espaço público no Brasil.* Rio de Janeiro, Rio Fundo Editora/ IUPERJ, 1991, pp. 11-29.
DOLHNIKOFF, Miriam. "O projeto nacional de José Bonifácio". *Novos Estudos,* nº 46, CEBRAP, nov. 1996, pp. 121-41.
_____. *Construindo o Brasil — Unidade nacional e pacto federativo nos projetos das elites (1820-1842).* Tese de Doutorado em História Econômica, FFLCH, USP, 2000.
DRAIBE, Sônia Miriam. "O 'Welfare State' no Brasil: características e perspectivas". In *Ciências sociais hoje — 1989.* São Paulo, ANPOCS/ Vértice, 1989, pp. 13-61.
DUARTE, Nestor. *A ordem privada e a organização política nacional.* São Paulo, Companhia Editora Nacional, 1966.
ESCALANTE GONZALBO, Fernando. *Ciudadanos imaginarios. Memorial de los afanes y desventuras de la virtud y apologia del vicio triunfante en la República Mexicana — Tratado de moral pública.* México, Colmex, 1992.

FAORO, Raymundo. *Os donos do poder — Formação do patronato político brasileiro*. Porto Alegre, Globo, 1958.

──────. *Existe um pensamento político brasileiro?* São Paulo, Ática, 1994.

FAUSTO, Boris. *História do Brasil*. São Paulo, Edusp, 1999.

FERNANDES, Florestan. *Mudanças sociais no Brasil — Aspectos do desenvolvimento da sociedade brasileira*. São Paulo/ Rio de Janeiro, Difel, 1975.

──────. *A sociologia no Brasil — Contribuição para o estudo da sua formação e desenvolvimento*. Petrópolis, Vozes, 1977.

FILHO, George Avelino. "Cordialidade e civilidade em raízes do Brasil". *Revista Brasileira de Ciências Sociais*, nº 12, ANPOCS, fevereiro de 1990, pp. 5-14.

FLEIUSS, M. "O centenário de Martius". In Carl Friederich Philippe von Martius. *O estado do direito entre os autóctones no Brasil*. Belo Horizonte, Itatiaia, 1982, pp. 1-8.

FRANCO, Maria Sylvia de Carvalho e. *Homens livres na ordem escravocrata*. São Paulo, Kairós, 1983.

FREUD, Sigmund. *Três ensaios sobre a teoria da sexualidade*. Rio de Janeiro, Imago, 1997.

──────. *Más allá del principio del placer*. In ────── *Obras completas de Freud, vol. II*. Buenos Aires, Americana, 1943, pp. 275-346.

FREYRE, Gilberto. *Casa-grande & senzala — Formação da família brasileira sob o regime de economia patriarcal*. Rio de Janeiro, José Olympio, 1954.

──────. *Sobrados e mucambos — Decadência do patriarcado rural e desenvolvimento urbano*. Rio de Janeiro, Record, 1996.

──────. *Homem, cultura e trópico*. Recife, Universidade do Recife, 1962.

FURTADO, Joaci Pereira. *Uma república de leitores — História e memória na recepção das Cartas Chilenas (1845-1989)*. São Paulo, Hucitec, 1997.

GOMES, Angela de Castro. "A política brasileira em busca da modernidade: na fronteira entre o público e o privado". In Lilia Moritz Schwarcz (org.). *História da vida privada no Brasil — Contrastes da intimidade contemporânea*. Volume 4, São Paulo, Companhia das Letras, 1988, pp. 489-558.

──────. "República, trabalho e cidadania". In Renato Raul Boschi (org.). *Corporativismo e desigualdade — A construção do espaço público no Brasil*. Rio de Janeiro, Rio Fundo Editora/ IUPERJ, 1991, pp. 69-79.

GURZA LAVALLE, Gerardo. *La gestión diplomática de John Forsyth, 1856-1858 — Las repercusiones de la crisis regional estadounidense en la política exterior hacia México*. México, SER, 1997.

GUTIÉRREZ GÓMEZ, Alfredo. *Deslimitación — El outro conocimiento y la sociologia informal*. México, Plaza e Valdés/ UIA, 1996.

HAMBURGER, Esther. "Diluindo fronteiras: a televisão e as novelas no cotidiano". In Lilia Moritz Schwarcz (org.). *História da vida privada no Brasil — Contrastes da intimidade contemporânea*. São Paulo, Companhia da Letras, 1998, pp. 440-87.

HANSEN, João Adolfo. "Os lugares das palavras". Entrevista a Joaci Pereira Furtado, *Registro — Caderno Especial*, ano 2, nº 4, set. 1995/fev. 1996, pp. 1-6.

———. "Prefácio". In Joaci Pereira Furtado. *Uma república de leitores — História e memória na recepção das Cartas Chilenas (1845-1989)*. São Paulo, Hucitec, 1997.

HOLANDA, Sérgio Buarque de. "Carta a Cassiano Ricardo". In ———, *Raízes do Brasil*. Brasília, 4ª edição, revista pelo autor, Universidade de Brasília, vol. 10, Biblioteca Básica Brasileira, 1963.

———. *Raízes do Brasil*. São Paulo, Companhia das Letras, 1995.

HOLTON, Gerald. *La imaginación científica*. México, FCE/Conacyt, 1985.

IANNI, Octávio. *Sociologia e sociedade no Brasil*. São Paulo, Alfa-Ômega, 1975.

———. *A idéia do Brasil moderno*. São Paulo, Brasiliense, 1996.

ITABORAÍ, Nathalíe Reis. "A família colonial e a construção do Brasil: vida doméstica e identidade nacional em Gilberto Freyre, Sérgio Buarque de Holanda e Nestor Duarte". Trabalho apresentado no XXIII Encontro Nacional da ANPOCS, 1999.

KOWARICK, Lúcio. *Escritos urbanos*. São Paulo, Editora 34, 2000.

———. *Trabalho e vadiagem — A origem do trabalho livre no Brasil*. Rio de Janeiro, Paz e Terra, 1994.

KUHN, Thomas S. *La estructura de las revoluciones científicas*. México, FCE, 1986, col. Breviarios, nº 213.

LAMOUNIER, Bolivar. "Formação de um pensamento político autoritário na Primeira República — Uma interpretação". In Boris Fausto (dir.). *História da civilização brasileira. O Brasil republicano — 2. Sociedade e instituições (1889-1930)*. Rio de Janeiro, Bertrand Brasil, 1997, pp. 345-74.

LEAL, Victor Nunes. *Coronelismo, enxada e voto — O município e o regime representativo no Brasil*. Rio de Janeiro, Nova Fronteira, 1997.

LEITE, Dante Moreira. *O caráter nacional brasileiro — História de uma ideologia*. São Paulo, Ática, 1992.

LEÑERO, Luis. "El *ethos* cultural en la perspectiva del cambio en las nuevas generaciones de México". In Angel Nebbia, Joseph Ferraro, Aquiles Chihu et al. *El ethos en un mundo secular*. México, UAM Iztapalapa, 1991, pp. 109-44.

LIMA, Luiz Costa. *Dispersa demanda — Ensaios sobre literatura e teoria*. Rio de Janeiro, Editora Francisco Alves, 1981.

MAGALHÃES, Domingos José Gonçalves de. "Discurso sobre a história da literatura no Brasil". In Afrânio Coutinho. *Caminhos do pensamento crítico*. Rio de Janeiro, Pallas/INL, 1980, pp. 23-38.

MARDONES, José M. *Filosofia de las ciencias humanas y sociales — Materiales para una fundamentación científica*. Barcelona, Anthropos, 1986.

MARINI, Ruy Mauro. "Las raíces del pensamiento latinoamericano". In ——— e Millán Márgara. *La teoría social latinoamericana — Los orígenes. Vol. 1*. México, El caballito, 1994, pp. 17-35.

MARINI, Ruy Mauro. "La década de 70 revisitada". In ——— e Millán Márgara (-coords.). *La teoría social latinoamericana — La centralidad del marxismo*. Vol. III, México, UNAM/ Ediciones El Caballito, 1995, pp. 17-41

MARSHALL, T. H. *Class, citizenship and social development*. Nova York, Anchor, 1965.

MARTINS, José de Souza. *O poder do atraso — Ensaios de sociologia da história lenta*. São Paulo, Hucitec, 1994.

———. "A vida pública nas áreas de expansão da sociedade brasileira". In Lilia Moritz Schwarcz. *História da vida privada no Brasil — Contrastes da intimidade contemporânea*. São Paulo, Companhia das Letras, 1998, pp. 660-726.

———. *A sociabilidade do homem simples*. São Paulo, Hucitec, 2000.

MARTINS, Wilson, *História da inteligência brasileira. Vol. IV (1877-1896)*. São Paulo, Cultrix/ Editora da Universidade de São Paulo, 1978.

MARTIUS, Carl Friederich Philippe von. "Como se deve escrever a história do Brasil". In ———. *O estado do direito entre os autóctones no Brasil*. Belo Horizonte, Itatiaia, 1982.

MELLO E SOUZA, Laura de. *Desclassificados do ouro — A pobreza mineira no século XVIII*. Rio de Janeiro, Editora Graal, 1990.

MELLO, Evaldo Cabral de. "'Raízes do Brasil' e depois". In Sérgio Buarque de Holanda, *Raízes do Brasil*. São Paulo, Companhia das Letras, 1995.

MELO, Marcus André B. C. de. "Atores e a construção histórica da agenda social do Estado no Brasil (1930/1990)". In *Ciências sociais hoje — 1991*. São Paulo, ANPOCS/ Vértice, 1991, pp. 262-87.

MENDIOLA MEJIA, Carlos. "Distinción y relación entre la teoría de la historia, la historiografía y la historia". *Historia y Grafía*, n.° 6, UIA, 1996, pp. 171-82.

MOISÉS, José Álvaro. "Eleições, participação e cultura política: mudanças e continuidades". *Lua Nova*, n.° 22, CEDEC, dezembro de 1990, pp. 133-87.

———. "Democratização e cultura política de massas no Brasil". *Lua Nova*, n.° 26, CEDEC, 1992, pp. 5-51.

———. *Os brasileiros e a democracia — Bases sócio-políticas da legitimidade democrática*. São Paulo, Ática, 1995.

MORIN, Edgar. *Introducción al pensamiento complejo*. Barcelona, Gedisa, 1994.

MOTA, Carlos Guilherme. *Ideologia da cultura brasileira (1933-1974)*. São Paulo, Ática, 1977.

MYRDAL, Gunnar. *An american dilema — The negro problem and modern democracy*. Londres/Nova York, Harper & Brothers publishers, 1962.

NABUCO, Joaquim. *O abolicionismo*. São Paulo, Nova Fronteira/Publifolha, 2000.

NAVES, Rodrigo. *A forma difícil — Ensaios sobre a arte brasileira*. São Paulo, Ática, 1997.

NEBBIA, Angel. "El *ethos* de la sociedad capitalista". In ———, Joseph Ferraro, Aquiles Chihu et al. *El ethos en un mundo secular*. México, UAM Iztapalapa, 1991, pp. 13-26.

NOVAIS, Fernando. "Caio Prado Jr. na historiografia brasileira". In Reginaldo Moraes, Ricardo Antunes e Vera B. Ferrante (orgs.). *Inteligência brasileira.* 1986, pp. 9-26.

———. *Portugal e Brasil na crise do antigo sistema colonial (1777-1808).* São Paulo, Hucitec, 1995.

O'DONELL, Guillermo. "E eu com isso? Notas sobre sociabilidade e política na Argentina e no Brasil". In *Contrapontos: autoritarismo e democratização.* São Paulo, Vértice, 1986, pp. 121-55.

———. "Situações — Microcenas da privatização do público em São Paulo". *Novos Estudos,* nº 22, CEBRAP, outubro 1988, pp. 45-52.

OLIVEIRA, Francisco de. "A economia brasileira: crítica à razão dualista". *Estudos Cebrap,* nº 2, 1972, pp. 5-82.

OLIVEIRA, Luís R. Cardoso de. "Entre o justo e o solidário — Os dilemas dos direitos de cidadania no Brasil e nos EUA". *Revista Brasileira de Ciências Sociais,* nº 31, ANPOCS, junho de 1996, pp. 67-81.

ORTIZ, Renato. *A moderna tradição brasileira — Cultura brasileira e indústria cultural.* São Paulo, Brasiliense, 1988.

PAZ, Octavio. *El laberinto de la soledad.* México, SEP/FCE, 1984.

POPPER, Karl R. *La lógica de la investigación científica.* México, Rei, 1991.

———. *Conjeturas e refutações.* Brasília, Editora Universidade de Brasília, 1988.

PRADO Jr., Caio. *Formação do Brasil contemporâneo.* São Paulo, Brasiliense, 1996.

PRADO, Paulo. *Retrato do Brasil — Ensaio sobre a tristeza brasileira.* São Paulo, Companhia da Letras, 1997.

PUNTONI, Pedro. "A Confederação dos Tamoyos de Gonçalves de Magalhães — A poética da história e a historiografia do Império". *Novos Estudos,* nº 45, CEBRAP, julho de 1996, pp. 119-30.

REIS, Elisa. "Poder Privado e construção de Estado sob a Primeira República". In Renato Raul Boschi (org.). *Corporativismo e desigualdade — A construção do espaço público no Brasil.* Rio de Janeiro, Rio Fundo Editora/ IUPERJ, 1991, pp. 43-79.

RICARDO, Cassiano. "Variações sobre o homem cordial". In Sérgio Buarque de Holanda. *Raízes do Brasil.* 4ª edição, revista pelo autor, Brasília, Universidade de Brasília, vol. 10, Biblioteca Básica Brasileira, 1963.

RIVADEO, Ana María F. *Epistemología y política en Kant — Apriorismo y noumenicidad.* México, UNAM/ENEP Acatlán, 1987.

SALES, Teresa. "Raízes da desigualdade social na cultura política brasileira". *Revista Brasileira de Ciências Sociais,* nº 25, ANPOCS, junho de 1994, pp. 26-37.

SANTOS, Wanderley Guilherme dos. *Cidadania e justiça — A política social na ordem brasileira.* Rio de Janeiro, Editora Campus, 1979.

SCHWARZ, Roberto. *Ao vencedor as batatas — Forma literária e processo social nos inícios do romance brasileiro.* São Paulo, Duas Cidades, 1988.

SCHWARZ, Roberto. *Um mestre na periferia do capitalismo — Machado de Assis*. São Paulo, Duas Cidades, 1998.

―――――. "Machado de Assis: um debate — Conversa com Roberto Schwarz". *Novos Estudos*, nº 29, CEBRAP, março de 1991, pp. 59-84.

―――――. *Que horas são? — Ensaios*. São Paulo, Companhia das Letras, 1997.

SEVCENKO, Nicolau. "A capital irradiante: técnica, ritmos e ritos do Rio. In ―――――. (org.). *História da vida privada no Brasil — República: da Belle Époque à Era do Rádio*. São Paulo, Companhia das Letras, 1998, pp. 514-619.

SILVA, José Bonifácio de Andrada e. *Projetos para o Brasil*. [Textos de 1823] In Miriam Dolhnikoff (org.), São Paulo, Companhia das Letras, 1998.

SKIDMORE, Thomas. "Onde estava a 'Malinche' brasileira? Mitos de origem nacional no Brasil e no México". *Cultura Vozes*, nº 3, V. 91, maio/junho 1997, pp. 107-18.

SODRÉ, Nelson Werneck. *História da imprensa no Brasil*. Rio de Janeiro, Civilização Brasileira, 1966.

TASSINARI, Alberto. "Brasil à vista". *Novos Estudos*, nº 46, CEBRAP, novembro de 1996, pp. 171-6.

TAYLOR, Charles. "¿Qué principio de identidad colectiva?. *La Política*, nº 3, *Ciudadanía — El debate contemporáneo*, Barcelona, Paidós, out. de 1997, pp. 133-7.

TELLES, Vera da Silva. "Espaço público e espaço privado na constituição do social: notas sobre o pensamento de Hannah Arendt". *Revista de Sociologia*, nº 1, vol. 2, USP, 1990, pp. 23-48.

―――――. *A cidadania inexistente: incivilidade e pobreza — Um estudo sobre o trabalho e a família na Grande São Paulo*. Tese de doutorado apresentada ao Departamento de Sociologia, USP, 1992.

―――――. "Cultura da dádiva, avesso da cidadania." *Revista Brasileira de Ciências Sociais*, nº 25, ANPOCS, junho de 1994, pp. 45-7.

THOMAZ, Omar Ribeiro. "Prefácio a *Interpretação do Brasil*". In Gilberto Freyre. *Interpretação do Brasil*. São Paulo, Companhia das Letras, no prelo.

TORRES, João Camilo de Oliveira. *Interpretação da realidade brasileira — Introdução à história das idéias políticas no Brasil*. Rio de Janeiro, José Olympio, 1969.

USLAR PIETRI, Arturo. *La creación del Nuevo Mundo*. México, FCE, 1992.

VARNHAGEN, Francisco Adolfo de. "Florilégio da poesia brasileira." (1850-53) (Excertos) In Afrânio Coutinho. *Caminhos do pensamento crítico*. Rio de Janeiro, Pallas/ INL, 1980, pp. 303-10.

VASCONCELLOS, Gilberto. "A malandragem e a formação da música popular brasileira". In Boris Fausto (dir.). *História da civilização brasileira. O Brasil republicano — 4. Economia e cultura (1930-1964)*. Rio de Janeiro, Bertrand Brasil, 1997, pp. 503-23.

VERISSIMO, Erico. *A volta do gato preto*. São Paulo, Globo, 1998.

VIANNA, Francisco Oliveira. *Pequenos estudos de psychologia social*. São Paulo, Revista do Brasil/Monteiro Lobato & Co., 1921.
──────. *O idealismo da Constituição*. 2ª edição aumentada, São Paulo, Companhia Editora Nacional, 1939.
──────. *Instituições políticas brasileiras*. Belo Horizonte, Itatiaia/ EDUSP/EDUFF, 1987.
VIANNA, Hermano. "Equilíbrio de antagonismos". *Mais!*, nº 422, 12 de março de 2000, pp. 21-2.
VILLORO, Luis. *Crer, saber, conocer*. México, Siglo XXI, 1992.
WANDERLEY, Luiz Eduardo W. "Rumos da ordem pública no Brasil — A construção do público". *Perspectiva*, nº 4, vol. 10, SEADE, outubro/dezembro 1996, pp. 96-106.
ZEA, Leopoldo. *América Latina y el mundo*. Buenos Aires, Editorial Universitaria de Buenos Aires, 1965.
──────. *El pensamiento latinoamericano*. Barcelona, Ariel, 1976.
ZEMELMAN, Hugo. *Los horizontes de la razón — I. Dialéctica y apropiación de presente*. México, ColMex/Anthropos, 1993.
──────. "La totalidad como perspectiva de descubrimiento". *Revista Mexicana de Sociología*, nº 1/87, jan./mar. 1997, pp. 53-85.
ZERMEÑO PADILLA, Guillermo. "Condición de subalternidad, condición postmoderna y saber histórico — ¿Hacia una nueva forma de escritura de la historia?" *Historia y Grafia*, nº 12, UIA, 1999, pp. 11-47.

NOTAS

ABERTURA

1. A frase refere-se ao poder público na Primeira República, especificamente ao papel de Rui Barbosa como símbolo do revigoramento desse poder nos moldes dos valores e práticas institucionais do liberalismo; ela provém do instigante trabalho de Angela de Castro Gomes, "A política brasileira em busca da modernidade: na fronteira entre o público e o privado", in Lilia Moritz Schwarcz (org.), *História da vida privada no Brasil — Contrastes da intimidade contemporânea*, p. 492. As palavras de José Murilo de Carvalho acerca da malfadada instauração do regime republicano são igualmente ilustrativas, porém mais contundentes: "Na república que não era, a cidade não tinha cidadãos" (*Os bestializados — O Rio de Janeiro na República que não foi*, p. 162).

2. Há interessante paralelismo entre o Brasil e o México quanto à problemática da configuração do espaço público no marco da construção do Estado nacional. Inexistem estudos comparativos, mas para o leitor brasileiro sem dúvida resultará esclarecedora a consulta do belo trabalho de Fernando Escalante Gonzalbo, *Ciudadanos imaginarios. Memorial de los afanes y desventuras de la virtud y apologia del vicio triunfante en la República Mexicana — Tratado de moral pública*.

I. AS DIFICULDADES DO ESPAÇO PÚBLICO NO BRASIL

1. Raymundo Faoro, *Existe um pensamento político brasileiro?*, p. 12.

2. Michel Debrum, *A "conciliação" e outras estratégias*, pp. 19-20, 135-6.

3. A denominação receberá uso mais alargado à medida que a análise mergulhe no plano de uma genealogia das idéias.

4. Cumpre esclarecer que, embora o *ethos* esteja referido ao plano dos valores, não se trata de codificações explícitas do dever ser; pelo contrário, ele opera como eticidade, como moralidade realizada ou como conjunto de disposições naturalizadas para se agir no mundo. Cf. Angel Nebbia, "El *ethos* de la sociedad capitalista", pp. 13-7; Luis Leñero, "El *ethos* cultural en la perspectiva del cambio en las nuevas generaciones de México", pp. 109-14 (ambos os textos in Angel Nebbia, Joseph Ferraro, Aquiles Chihu et al., *El* ethos *en un mundo secular*). Cf., também, Pierre Bourdieu, *Cosas dichas*, 1987, pp. 24-6.

5. Cf. Leopoldo Zea, *El pensamiento latinoamericano*, pp. 102-50.

6. A famosa obra do jesuíta Antonil foi impressa no Reino em 1711 e logo apreendida e destruída.

7. Cf. Nelson Werneck Sodré, *História da imprensa no Brasil*, pp. 11-33.

8. Para uma análise da imprensa nos conturbados anos que vão da Independência à Regência, cf. ibid., pp. 69-95. Também Antonio Candido enfatiza a vinda da corte como "[...] o acontecimento mais importante da nossa história intelectual e política". *Formação da literatura brasileira — Momentos decisivos, 1º Volume (1750-1836)*, p. 217; cf. pp. 215-24.

9. Cf. Antonio Candido, *Literatura e sociedade — Estudos de teoria e história literária*, pp. 93-102.

10. Citado por Antonio Candido, *Formação da literatura..., 1º vol.*, p. 221; apud *Correio Braziliense*, vol. III, pp. 141-9 e 269-76. O periódico foi publicado entre 1808 e 1823; cf. Nelson Werneck Sodré, op. cit., pp. 24-33.

11. Cf. Antonio Candido, *Formação da literatura brasileira — Momentos decisivos, 2º Volume (1836-1880)*, pp. 11-30.

12. O segundo aspecto costuma merecer maior atenção na literatura; cf. Roger Bartra, *La jaula de la melancolía — Identidad y metamorfosis del mexicano*, pp. 121-5; Dante Moreira Leite, *O caráter nacional brasileiro — História de uma ideologia*, pp. 23-9, 32-6.

13. Cf. Antonio Candido, *Formação da literatura..., 1º vol.*, pp. 218-20; Nelson Werneck Sodré, op. cit., pp. 11-9.

14. Cf. Renato Ortiz, *A moderna tradição brasileira — Cultura brasileira e indústria cultural*, pp. 23-4 e 28; também pp. 45-6.

15. Antonio Candido, *Literatura e sociedade...*, p. 96.

16. Nas fileiras da maçonaria, particularmente dentro da loja Grande Oriente do Brasil, dirigida por José Bonifácio de Andrada e Silva, o príncipe regente escolhera para si esse pseudônimo: Guatimozim — à época, grafia do último imperador asteca com sufixo reverencial (Cuauhtemoc-tzin). Aliás, o nome do penúltimo imperador asteca — Moctezuma — fora utilizado por Gomes Brandão, fundador

da Sociedade dos Jardineiros na Bahia. Cf. Paulo Prado, *Retrato do Brasil — Ensaio sobre a tristeza brasileira*, pp. 170-1; João Camilo de Oliveira Torres, *Interpretação da realidade brasileira — Introdução à história das idéias políticas no Brasil*, p. 272.

17. Estendendo sua caracterização do público de auditores além do que pareceria prudente, Antonio Candido eleva a oralidade ao estatuto de traço distintivo da literatura brasileira: "A grande maioria dos nossos escritores, em prosa e em verso, fala de pena em punho e prefigura um leitor que ouve o som de sua voz brotar a cada passo por entre as linhas". "Estas considerações mostram por que não há quase no Brasil literatura verdadeiramente requintada [...] inacessível aos públicos disponíveis. A literatura considerada de *elite* na tradição ocidental [...]" (*Literatura e sociedade...*, pp. 96 e 102, respectivamente). Em livro que promove a formulação de Candido a patamares ainda mais abrangentes, Luiz Costa Lima postula o caráter auditivo do sistema intelectual brasileiro, estabelecendo uma relação entre oralidade, intuicionismo, autoritarismo e dependência culturais (cf. *Dispersa demanda — Ensaios sobre literatura e teoria*, pp. 3-20). De forma muito mais mediada, Renato Ortiz identifica a inexistência de um público de leitores e a correlata indistinção entre literatura e jornalismo como índices nítidos de que o mercado — a "fragilidade do capitalismo" — não comportou aqui uma diferenciação da cultura e do trabalho intelectual (cf. op. cit., pp. 17-37, 45, 65, 69 e 72).

18. Refrão entoado pelas irmãs Aurora e Carmem Miranda em 1936. A citação provém do belo trabalho de Nicolau Sevcenko, "A capital irradiante: técnica, ritmos e ritos do Rio", in Nicolau Sevcenko (org.), *História da vida privada no Brasil — República: da Belle Époque à Era do Rádio*, p. 586; para a análise da rádio cf., especificamente, pp. 585-97.

19. Para a acidentada e improvisada trajetória da TV, cf. Renato Ortiz, op. cit., pp. 57-64, 84-101. O auge da TV coincide com o extraordinário *boom* do mercado cultural no período da ditadura — mercado fonográfico, editorial, cinematográfico e publicitário; cf. ibid., pp. 113-48. Também cf. Esther Hamburger, "Diluindo fronteiras: a televisão e as novelas no cotidiano", in Lilia Moritz Schwarcz (org.), op. cit., pp. 440-87; especificamente pp. 444-59.

20. A persistência desse dualismo hierárquico e de suas implicações para a compreensão do espaço público foi explorada no trabalho de Eli Diniz e Renato Raul Boschi, "O corporativismo na construção do espaço público", in Renato Raul Boschi, *Corporativismo e desigualdade — A construção do espaço público no Brasil*, pp. 11-29. Cf., também, José Murilo de Carvalho, op. cit., pp. 9-14 e 140-60.

21. Em aguda análise, Angela de Castro Gomes reconstrói o dualismo aproximadamente nesses termos, cf. op. cit., pp. 497-503.

22. Sérgio Buarque de Holanda, *Raízes do Brasil*, 1936, pp. 79-85 e 141-51. Cf., também, Gilberto Freyre, *Casa-grande & senzala – Formação da família brasileira*

sob o regime de economia patriarcal, 1933, pp. 24-6, 116-23; Gilberto Freyre, *Sobrados e mucambos – Decadência do patriarcado rural e desenvolvimento do urbano*, 1936, pp. XLIII-VII, LXXI, XC-I; Francisco de Oliveira Vianna, *O idealismo da Constituição*, 1924, pp. 87-8, 98-101, 229-32, 236, 243-8; Raymundo Faoro, *Os donos do poder – Formação do patronato político brasileiro*, 1958, pp. 12, 39, 45, 52, 72-9, 124, 130, 185-93.

23. A sugestiva idéia do "descolamento" aparece em José Murilo de Carvalho, "República e ética, uma questão centenária", in Renato Raul Boschi, op. cit., p. 37.

24. As citações provêm de Francisco de Oliveira Vianna, op. cit., p. 222; Raymundo Faoro, *Os donos...*, p. 268. No caso de Sérgio Buarque de Holanda e Gilberto Freyre, vide nota 22.

25. Em pesquisa alentada, Luiz Felipe de Alencastro demonstrou recentemente a ausência de uma espacialização colonial unitária ou do "território colonial"; os vínculos realmente constitutivos dos *territórios* decorrem do tráfico negreiro, fundindo os interesses das áreas de compra de escravos, deste lado do Atlântico, com as áreas de venda no continente africano — isto é, há unidade entre Bahia e Angola, mas não entre a primeira e São Paulo; daí a "interpretação aterritorial da formação do Brasil contemporâneo". A tese do autor, amplamente documentada, tem desdobramentos fundamentais para o século XIX: a independência não extinguiu a lógica endógena dos territórios e a unidade política foi ancorada na continuidade do suprimento do trabalho escravo, resguardado pela Casa Real dos Bragança. Cf. Luiz Felipe de Alencastro, *Os lusobrasileiros em Angola: Constituição do espaço econômico brasileiro no Atlântico Sul 1550-1700*, particularmente os capítulos "O aprendizado da colonização", "Escravos da Guiné e escravos da terra" e "Singularidade do Brasil".

26. Cf. Miriam Dolhnikoff, *Construindo o Brasil: unidade nacional e pacto federativo nos projetos das elites (1820-1842)*, pp. 3-6, 53-92. Para uma análise do papel desempenhado pela formação lusa das elites na preservação da unidade nacional, cf. o conhecido trabalho de José Murilo de Carvalho, *A construção da ordem — A elite política imperial*, pp. 15-22, 41-51, 177-83.

27. Charles Taylor compara as idéias modernas de "nação" e de "soberania do povo" por compartilharem o estranho pressuposto de que ambas as identidades precedem à organização política, que, de fato, é responsável por sua constituição (cf. "¿Qué principio de identidad colectiva?", pp. 133-7). No Brasil, coube ao pensamento romântico a "largada" no esforço de inventar simbolicamente a nação, mas ecos desse ensejo prolongaram-se até o século XX sob temas como identidade, caráter, alma, cultura, espírito, idiossincrasia e personalidade "nacionais" ou do "povo". Os estudos mais conhecidos de sistematização dessas idéias no pensamento político-social correspondem ao de Dante Moreira Leite, op. cit.; e Carlos Guilherme Mota, *Ideologia da cultura brasileira (1933-1974)*. No plano

da historiografia, a tradição orientada pela idéia de "formação da nação" ou "formação do Brasil" — *bildung* — também partilha em alguma medida o anacronismo desse pressuposto: a atribuição de um sentido "nacional" a fatos e processos ocorridos muito antes de que a questão nacional emergisse como problema histórico relevante.

28. O texto clássico nessa matéria foi publicado por T. H. Marshall, em 1949, sob o título *Class, Citizenship and Social Development*. Na concepção do autor, a evolução da cidadania começou nas primeiras décadas do século XIX com os direitos civis, progredindo para os direitos políticos e, como decorrência de sua progressiva ampliação, para os direitos sociais (pp. 71 ss.). O contraste com a experiência brasileira, onde a evolução seria inversa, foi explorado no trabalho *Desenvolvimiento de la ciudadania en Brasil*, de José Murilo de Carvalho.

29. Cf. Antonio Candido, *Formação da literatura...*, 1º *vol.*, pp. 181-4; Antonio Candido, *Formação da literatura...*, 2º *vol.*, pp. 11-21; Pedro Puntoni, "A Confederação dos Tamoyos de Gonçalves de Magalhães — A poética da história e a historiografia do Império", pp. 119-24.

30. José Murilo de Carvalho, *Os bestializados...*, p. 31. É bem conhecida a tese do autor, segundo a qual: i) a República preservou feições oligárquicas e, embora erigida sob o ideário liberal, manteve as portas fechadas à participação política das maiorias, relacionando-se com elas como *objeto* de seus projetos de modernização; ii) o povo, altamente participativo em eventos de seu interesse, preservou uma relação de estranhamento com as instituições republicanas, ciente "[...] de que o real se escondia sob o formal. Neste caso, os que se guiavam pelas aparências do formal [formas jurídicas e institucionais] estavam fora da realidade" (pp. 159-60); e iii) os vínculos entre o mundo formal e o mundo real ocorriam de forma híbrida, em área cinzenta de entrelaçamento da ordem com a desordem — o uso político de capangas e capoeiras, por exemplo —, configurando uma espécie de "estadania". Cf., também, Angela de Castro Gomes, "República, trabalho e cidadania", pp. 69-79.

31. A contrapelo das interpretações mais usuais, Elisa Reis reconstrói com agudeza as bases republicanas da centralização do poder herdadas e aproveitadas pelo Estado getulista. O ponto forte de sua análise reside tanto em recusar os dualismos sociedade/Estado e interesse privado/interesse público, quanto em mostrar que a promoção dos interesses da oligarquia cafeeira não foi empecilho para a consolidação do Estado, antes, firmou sua capacidade funcional e territorial de intervenção. Cf. Elisa Reis, "Poder privado e construção de Estado sob a Primeira República", in Raul Renato Boschi (org.), op. cit., pp. 43-79.

32. Eli Diniz e Renato Raul Boschi, op. cit., p. 17. A Constituição imperial de 1824, a republicana de 1891 e inclusive a revisão constitucional de 1926 preservaram intocado o caráter privado das profissões, sua liberdade segundo o ideário liberal; só a partir da Constituição de 1934 a ordem econômica e social será consagrada juri-

dicamente como área de intervenção do Estado. Cf. o valioso trabalho de Wanderley Guilherme dos Santos, *Cidadania e justiça — A política social na ordem brasileira*, 1979, pp. 15-37; cf., também, Sônia Miriam Draibe, "O Welfare State no Brasil: características e perspectivas", in *Ciências sociais hoje* — 1989, pp. 29-41; e Marcus André B. C. de Melo, "Atores e a construção histórica da agenda social do Estado no Brasil (1930/1990)", in *Ciências sociais hoje* — 1991, pp. 270-9.

33. Cf. Angela de Castro Gomes, "A política brasileira...", pp. 524-38.

34. Os alcances da expansão dos direitos sociais podem ser nitidamente ilustrados pelos três pilares que lhe supeditavam sustentação institucional: a carteira de trabalho, a regulamentação das profissões e o sindicato público ou corporativo — pilares cuja combinação define o bem-sucedido conceito de "cidadania regulada", cunhado por Wanderley Guilherme dos Santos (cf. op cit., pp. 74-9). Por outras palavras: "É o princípio do mérito, entendido basicamente como a posição ocupacional e de renda adquirida ao nível da estrutura produtiva, que constitui a base sobre a qual se ergue o sistema brasileiro de política social", Sônia Miriam Draibe, "O Welfare State...", op. cit., p. 33. O significado e as conseqüências de longo prazo das desigualdades entre a força de trabalho urbano e a rural, decerto majoritária, foram exploradas em afamado texto de Francisco de Oliveira: "A economia brasileira: crítica à razão dualista", 1972, pp. 5-82. Para uma análise mais recente dos efeitos da divisão entre o trabalhador urbano legalmente reconhecido e aquele que permanecia confinado à contingência da informalidade, cf. Álvaro Comin, "Regulação e desregulação do mercado de trabalho no Brasil", *Relatório para a Organização Internacional do Trabalho*.

35. Florestan Fernandes, "Existe um crise de democracia no Brasil", in Florestan Fernandes, *Mudanças sociais no Brasil — Aspectos do desenvolvimento da sociedade brasileira*, p. 103.

36. Octávio Ianni, *A idéia do Brasil moderno*, 1996, p. 177.

37. Cf. Louis Couty, *A escravidão no Brasil*, pp. 87-105. A frase de Morgado de Mateus, extraída de uma carta ao conde de Oeiras, foi citada em belo texto de Paulo Prado acerca da decadência de São Paulo na virada do século XVII; cf. "A decadência", (1923) in Paulo Prado, *Província & nação. Paulística. Retrato do Brasil*, pp. 90-108, especificamente, p. 98. Cf., também, Gilberto Freyre, *Casa-grande &...*, pp. 142-3; Caio Prado Júnior, *Formação do Brasil contemporâneo*, pp. 281-2.

38. Citado por Octávio Ianni, op. cit., p. 97.

39. Ibid. *apud* Gilberto Amado, "As instituições políticas e o meio social no Brasil". Nas primeiras décadas da centúria seguinte, o pensamento autoritário não cessou de denunciar a inorganicidade da nação, a desarticulação das classes sociais; cf. Bolívar Lamounier, "Formação de um pensamento autoritário na Primeira República – Uma interpretação", in Boris Fausto (dir.), *História geral da*

civilização brasileira. III. O Brasil republicano. 2. Sociedade e instituições (1889-1930), pp. 360-4. Também o integralismo sustentou idéias semelhantes; cf. Marilena Chauí, "Apontamentos para uma crítica da ação integralista brasileira", in Marilena Chauí e Maria Sylvia de Carvalho Franco, *Ideologia e mobilização social*, pp. 19-21.

40. Octávio Ianni, op. cit., p. 180.

41. Gilberto Freyre, *Casa-grande &...*, pp. 20 e 141, respectivamente; cf., também, p. 160. Com respeito ao século XIX, o autor não define mudanças relevantes quanto às eventuais "contribuições" das camadas médias: "O desenvolvimento das 'classes médias', ou intermediárias, de 'pequena burguesia', de 'pequena' e de 'média agricultura', de 'pequena' e de 'média indústria', é tão recente, entre nós, sob formas notáveis ou, sequer, consideráveis, que durante todo aquele período [século XVI ao fim do XIX] seu estudo pode ser quase desprezado; e quase ignorada sua presença na história social da família brasileira". Gilberto Freyre, *Sobrados e mucambos...*, p. LXVII; cf., também, pp. 308, 353-423 e 534.

42. Nestor Duarte, *A ordem privada e a organização política nacional*, p. 87 (os grifos da segunda passagem são meus).

43. Ibid., p. 88.

44. Cf. Sérgio Buarque de Holanda, op. cit., pp. 58-9, 79-92; Fernando de Azevedo, *A cultura brasileira — Introdução ao estudo da cultura no Brasil*, pp. 131-2, 161-201, 220-5; Caio Prado Júnior, op. cit., pp. 278-87 e 341-5.

45. Caio Prado Júnior, op. cit., p. 282.

46. Ibid., p. 344; cf. também p. 143.

47. Ibid., p. 355; cf. também pp. 337-40 e 354.

48. Sérgio Buarque de Holanda, op. cit., p. 150. Embora em outro registro Freyre também assinale o limitado papel do clero, logo subordinado aos ditames da família patriarcal; cf. *Casa-grande &...*, pp. 24, 26, 122, 130-4, 364-5.

49. Roberto Schwarz, *Ao vencedor as batatas — Forma literária e processo social nos inícios do romance brasileiro*, pp. 13-25.

50. Cf. Wanderley Guilherme dos Santos, op. cit., pp. 17-9; Gerardo Gurza Lavalle, *La gestión diplomática de John Forsyth, 1856-1858 — Las repercusiones de la crisis regional estadounidense en la política exterior hacia México*, pp. 17-26.

51. Em seu estudo clássico sobre a comunidade de Guaratinguetá, no Vale do Paraíba, e no contexto dos ciclos oitocentistas da cultura do café, Maria Sylvia de Carvalho e Franco mostra como a particular inserção dos homens livres na sociedade lhes impedia de estereotipar comportamentos vinculantes e de projetar qualquer forma de auto-organização de seus interesses; cf. *Homens livres na*

ordem escravocrata, pp. 33 e 56-9. Por sua vez, Laura de Mello e Souza esmiuçou as tentativas das autoridades mineiras setecentistas no sentido de impor alguma "utilidade" aos segmentos sociais de desclassificados, empregando-os em diversas tarefas de índole economicamente secundária e não adequadas para o trabalho escravo; cf. *Desclassificados do ouro — A pobreza mineira no século XVIII*, pp. 71-90.

52. Lúcio Kowarick, *Trabalho e vadiagem — A origem do trabalho livre no Brasil*, pp. 27-32; Maria Sylvia de Carvalho Franco, op. cit., pp. 60-106, especificamente p. 104; Laura de Mello e Souza, op. cit., pp. 64-5, 72 e 220.

53. Lúcio Kowarick, op. cit., p. 104. A frase segue a trilha de algumas das agudas observações de Antonio Candido: "[...] depois da estabilização, em meados do século XVIII, [o tipo humano do aventureiro] deixou no caipira não apenas certa mentalidade de acampamento — provisório e sumário — como o sentimento de igualdade que, mesmo nos mais humildes e desfavorecidos, faz refugar a submissão e a obediência constantes. Esta, nele, é sempre relativa e muito precária, comparada à do negro, e mesmo à do colono europeu [...]". Antonio Candido, *Os parceiros do Rio Bonito — Estudos sobre o caipira paulista e a transformação dos seus meios de vida*, pp. 84-5.

54. Lúcio Kowarick, op. cit., pp. 101-18.

55. Em trabalho alentado, Gunnar Myrdal reconstruiu a paradoxal disparidade histórica entre a forte presença de um *"ethos* social", de um credo político norte-americano que desempenhou papel fundamental na construção política das instituições democráticas nos Estados Unidos, e a mal resolvida problemática da população negra, objeto da discriminação e iniquidade sociais. Cf. *An American dilema — The negro problem and modern democracy*, pp. 3-25. Por sua vez, Roberto DaMatta inspirou-se nessa obra clássica para explorar no terreno da antropologia a "identidade do brasileiro" (cf. *Carnavais, malandros e heróis — Para uma sociologia do dilema brasileiro*, pp. 13-36).

II. AS ARMADILHAS DA IDENTIDADE NACIONAL

1. Cf. Paulo Prado, op. cit., p. 74. Como será visto, a tentação de semelhantes "recuos" históricos ainda não desapareceu por completo; por exemplo, há quem sustente que "[...] algumas das primeiras personagens ligadas à história da MPB perambulavam na corda-bamba da malandragem: Francisco de Vacas (século XVI) [...] o poeta barroco baiano Gregório de Matos (1636-1696) [...] ou ainda o famoso mulato modinheiro Domingos Caldas Barbosa (1740/1800) [...]". Gilberto Vasconcellos, "A malandragem e a formação da música popular brasileira", in Boris Fausto (dir.), *História da civilização brasileira. O Brasil republicano — IV. Economia e cultura (1930-1964)*, p. 506.

2. Thomas Skidmore, "Onde estava a 'Malinche' brasileira? Mitos de origem nacional no Brasil e no México", p. 112. Esse tipo de anacronismo, como será visto no decorrer das páginas seguintes, é bastante comum; cf., por exemplo, Paulo Prado a emprestar o tema da tristeza do Padre Anchieta e de frei Vicente do Salvador. Carlos Augusto Calil, "Introdução". In Paulo Prado, op. cit., p. 13.

3. A análise de como o inventário dos temas e traços distintivos dos textos coloniais foram reapropriados no processo de invenção do caráter nacional pode ser consultada no trabalho pioneiro de Dante Moreira Leite, op. cit., pp 149-77.

4. "A Carta de Pero Vaz de Caminha — Primeiro relato oficial sobre a existência do Brasil", escrita em 1500 e publicada só em 1817.

5. Há inúmeros exemplos de quem assim foi feito. Dante Moreira Leite, crítico ferrenho da "ideologia do caráter nacional", paradoxalmente afirma ser a Carta "o primeiro documento literário a respeito do Brasil", op. cit., p. 147. Mas é possível ir muito além disso, Roberto DaMatta declara que a Carta é "fundadora de nosso modo de ser" [!]. *O que faz o brasil, Brasil?*, p. 105. Quanto às passagens idôneas na Carta para esse exercício de determinação das origens remotas, há algumas sem dúvida "irresistíveis": "E uma daquelas moças era toda tingida, de baixo acima daquela tintura; e certo era tão bem feita e tão redonda, e sua vergonha (que ela não tinha) tão graciosa, que a muitas mulheres da nossa terra, vendo-lhe tais feições, fizera vergonha, por não terem a sua como ela; [...] bem moças e bem gentis, com cabelos muito pretos e compridos pelas espáduas, e suas vergonhas tão altas e tão cerradinhas e tão limpas das cabeleiras que, de as muito bem olharmos não tínhamos nenhuma vergonha". Pero Vaz de Caminha, op. cit., pp. 10-1.

6. Respectivamente, João Camilo de Oliveira Torres, op. cit., p. 216.. Roberto DaMatta, *A casa e a rua – espaço, cidadania, mulher e morte no Brasil*, p. 26. Há exposições bem mais apuradas da plasticidade como atributo de primeira ordem na identidade nacional: canonicamente, cf. Sérgio Buarque de Holanda com respeito à "extraordinária plasticidade social" (p. 53) dos portugueses, op. cit., cf. pp. 46-7, 132. Também Gilberto Freyre sobre a "plasticidade social, maior no português" (p. 356), em *Casa-grande...*, cf. pp. 23, 355-464.

7. É crescente a literatura a desenvolver reinterpretações de personagens, obras e eventos historicamente consagrados — em chave romântica e nacionalista — a partir do arcabouço analítico fornecido pelos estudos e teorias da recepção. Cf. por exemplo, Joaci Pereira Furtado, *Uma república de leitores — História e memória na recepção das* Cartas Chilenas *(1845-1989)*; João Adolfo Hansen, "Prefácio". In ibid., pp. 11-20; João Adolfo Hansen, "Os lugares das palavras". Entrevista a Joaci Pereira Furtado, *Registro — Caderno Especial*, pp. 1-6. Caio Prado já advertia, com respeito à independência, sobre o risco de incorrer no anacronismo por parte daqueles que iam apanhar os prenúncios libertadores em algum momento longínquo da colonização: "Divertimento a que se têm dedicado muitos historiadores". Caio Prado Júnior, op. cit., p. 357; cf. também pp. 358, 363-4.

8. "Representação à Assembléia Geral Constituinte e Legislativa do Império do Brasil sobre a Escravatura" e "Apontamentos para a civilização dos índios bravos do Império do Brasil" — ambos de 1823. José Bonifácio de Andrada e Silva, *Projetos para o Brasil*. Org. Miriam Dolhnikoff, pp. 45-82 e 89-121.

9. Cf. o belíssimo artigo de Miriam Dolhnikoff, "O projeto nacional de José Bonifácio", *Novos estudos*, n° 46, CEBRAP, nov. 1996, pp. 121-41.

10. Ibid. p. 125.

11. José Bonifácio de Andrada e Silva, op. cit., pp. 126 e 137, respectivamente.

12. "Cada uma das particularidades físicas e morais, que distinguem as diversas raças, oferece a este respeito um motor especial [...] o português se apresenta como o mais poderoso e essencial motor. Mas também de certo seria um grande erro para todos os princípios da historiografia pragmática, se se desprezassem as forças dos indígenas e dos negros importados, forças estas que igualmente concorreram para o desenvolvimento físico, moral e civil da totalidade da população" Carl Friedrich Philippe von Martius, "Como se deve escrever a história do Brasil", in Martius, *O estado do direito entre os autóctones no Brasil*, p. 87.

13. Ibid., pp. 88-9.

14. "Enquanto boa parte da elite sonhava com o embranquecimento da população por meio da imigração européia, Bonifácio foi talvez um dos primeiros a defender a miscigenação como fulcro da identidade nacional". Miriam Dolhnikoff, "O projeto nacional de José Bonifácio", p. 125.

15. Dante Moreira Leite desenvolve análise breve acerca do pensamento da identidade nacional nos românticos e em seus primeiros críticos; cf. op. cit., pp. 164-93. Para uma análise pormenorizada do romantismo e do nacionalismo após a Independência, cf. Antonio Candido, *Formação*..., 1° vol., pp. 225-51, 281-4; Antonio Candido, *Formação*..., 2° vol., pp. 11-21. Angela Alonso desenvolve interpretação sintética das diferenças em torno do debate da identidade nacional no interior do romantismo, e entre essa vertente e a crítica da "geração científica" ("Epílogo ao Romantismo", pp. 139-62).

16. A importância dos temas como um complexo de preconceitos estáveis e largamente aceitos durante longos períodos — épocas até —, como pressupostos assentes, intrínsecos ao desenvolvimento do conhecimento científico, pode ser consultada no conhecido trabalho do físico Gerald Holton, *La imaginación científica*, pp. 3-14, 20-31, 178-201. Para uma análise epistemológica da constituição de problemas visando a superação das prenoções próprias do tema — por definição generalizador e abstrato —, cf. Hugo Zemelman, "La totalidad como perspectiva de descubrimiento", pp. 53-85. Em concordância parcial com ambos os autores, aqui o tema remete ao repertório normal de noções padronizadas disponíveis, enquanto o problema refere-se aos conteúdos substantivos que redefinem o sen-

tido histórico dos temas, sempre conforme as grandes inquietações do momento. A reapropriação estabelece relações de descontinuidade e continuidade que animam a renovação do pensamento.

17. Cf. Octávio Ianni, op. cit., pp. 13-48, 94-101, 115-39; Raymundo Faoro, *Existe um pensamento...*, pp. 97-115. A persistência de determinadas formas políticas e ideológicas, desde a independência até o presente, fez com que Michel Debrum lhes outorgasse o estatuto — por sinal bastante controverso — de arquétipos político-ideológicos. O que Debrum chama de ideologia "secundária" — o pensamento político-social — investiria todas suas energias na produção de racionalizações e justificativas adequadas à conjuntura na qual estar-se-ia realizando mais uma reposição do arquétipo na ordem política. Nesse marco, a reposição de arquétipos pelo pensamento político-social reflete esmagadora continuidade no plano da realidade que não está pressuposta na noção de tema aqui utilizada. Cf. Michel Debrum, op. cit., pp. 15-8, 121-4, 130-48.

18. Cf. o mordaz trabalho de Roger Bartra, op. cit, pp. 31-138.

19. Cf. Ruy Mauro Marini, "Las raíces del pensamiento latinoamericano". In Ruy Mauro Marini e Márgara Millán, *La teoría social latinoamericana — Los orígenes*, vol. 1, pp. 17-35.

20. A relação entre história, historiografia e teoria da história é complexa e sequer há consenso quanto à pertinência de definir a escrita da história sob o termo historiografia — no sentido amplo que tem sido utilizado aqui. Porém é claro que as teorias da história trabalham com um campo de problemas de índole particularmente abstrata e universal — as condições de possibilidade da apreensão da história — e, nesse plano, distinções como as realizadas acima são reenviadas a sofisticadas discussões sobre a própria definição da história e dos limites e recursos da historiografia. Cf. Carlos Mendiola Mejía, "Distinción y relación entre la teoría de la historia, la historiografía y la historia", pp. 171-82.

21. O conceito de "problemática" traduz de forma nítida essa questão, todavia seu registro semântico encontra-se muito construído e normalmente atrelado a discussões de índole epistemológica ou metodológica. Para uma discussão teórica acerca da caracterização de uma época por seu correspondente horizonte de problemas, cf. a idéia de "programática político-social burguesa" em Ana María Rivadeo Fernández, *Epistemología y política en Kant — Apriorismo y noumenicidad*.

22. Dante Moreira Leite, op. cit. pp. 147-8.

23. Cf. Antonio Candido, *Formação...*, 1º vol., pp. 73-4, 215-24.

24. Dante Moreira Leite, op. cit., pp. 149-63.

25. Antonio Candido analisa a decadência do arcadismo dentro do processo de sua rotinização, cf. *Formação...*, 1º vol., pp. 181-3, 190-204.

26. Ibid., p. 225.

27. José Gonçalves de Magalhães, "Discurso sobre a história da literatura no Brasil", (1836) in Afrânio Coutinho (org.), *Caminhos do pensamento crítico*, p. 30.

28. Cf. Antonio Candido, *Formação...*, 2º vol., pp. 24-6; Pedro Puntoni, "A Confederação dos Tamoyos de Gonçalves de Magalhães — A poética da história e a historiografia do império", pp. 119-24.

29. Cf. Angela Alonso, op. cit., pp. 139-46. Isso, para não mencionar a franca oposição de Varnhagen ao indianismo como elemento definidor da identidade nacional: "Não será um engano, por exemplo, querer produzir efeito, e ostentar patriotismo, exaltando as ações de uma caterva de canibais, que vinham assaltar uma colônia de nossos antepassados só para os devorar". Francisco Adolfo de Varnhagen, "Florilégio da poesia brasileira" (1850-1853), in Afrânio Coutinho, op. cit., p. 308.

30. Dante Moreira Leite, op. cit., p. 157.

31. Cf. ibid., pp. 164-77; Octávio Ianni, op. cit., pp. 127-39; Antonio Candido, *Formação...*, 2º vol., pp. 18-21.

32. Carl Friederich Philippe von Martius, op. cit., p. 100. A esse respeito, Paulo Prado lamenta a "[...] hipertrofia do patriotismo indolente que se contentava em admirar as belezas naturais, 'as mais extraordinárias do mundo', como se fossem obras do homem [...]". Paulo Prado, op. cit., p. 161; e Nestor Duarte afirma com sentimento semelhante: "A nossa idéia de pátria como de nação é, antes de tudo, um complexo geográfico". Nestor Duarte, op. cit., p. 125.

33. Interessantes reflexões sobre o papel da natureza na "mitologia verde-amarela", apoiadas no exemplo da bandeira e do hino nacionais brasileiros, e sobre a esterilização da história na "mitologia do Brasil paradisíaco", podem ser consultadas em Marilena Chauí, *Conformismo e resistência — Aspectos da cultura popular no Brasil*, pp. 93-104; Marilena Chauí, "O mito fundador do Brasil", p. 10.

34. Cf. Florestan Fernandes, *A sociologia no Brasil — Contribuição para o estudo da sua formação e desenvolvimento*, pp. 31-44.

35. Ibid., p. 34.

36. Cf. Boris Fausto, *História do Brasil*, pp. 245-8; Cruz Costa, *Pequena história da República*, pp. 11-26.

37. Sérgio Buarque de Holanda, op. cit. pp. 189-93.

38. Cf. Dante Moreira Leite, op. cit., pp. 178-9. Cabe salientar que no tratamento da terceira fase histórica, definida por esse autor como "As ciências sociais e a imagem pessimista do brasileiro (1880-1950)", não há referência à tensão que impregnou o horizonte de problemas do período, fazendo com que ele fosse ambíguo quanto ao pessimismo assumido por Moreira Leite como feição homogênea. Além do mais, parece inadequado que o tipo de análises que viram luz no contexto

revolucionário da década de 1930 partilhe o mesmo "pessimismo" característico das décadas da virada do século. Cf. Carlos Guilherme Mota, op. cit., pp. 27-33.

39. Cf. Wilson Martins, *História da inteligência brasileira*, vol. IV (1877-1896), pp. 34-54.

40. Ibid., p. 36.

41. Sílvio Romero, *O caráter nacional e as origens do povo brasileiro*, apud Dante Moreira Leite, op. cit., p. 184.

42. Sílvio Romero escreveu, além de *O caráter nacional e as origens do povo brasileiro*, já citado, um capítulo sobre a psicologia nacional no seu livro *História da literatura*. Cf. Dante Moreira Leite, op. cit., pp. 178-174.

43. Cf. Afrânio Coutinho, op. cit., p. 16.

44. João Cruz Costa, *Contribuição à história das idéias no Brasil*, pp. 420-3.

45. Na geração de autores cujas obras vieram à luz entre 1914 e 1930, além dos três autores mencionados, João Cruz Costa salienta: Vicente Licínio Cardoso, Ronald de Carvalho e Azevedo de Amaral (ibid., pp. 423-31). Por sua vez, na sua afamada revisão do pensamento autoritário, Bolivar Lamounier contempla autores como Alberto Torres e Francisco Campos, incluindo também Azevedo de Amaral e o próprio Oliveira Vianna; cf. "Formação de um pensamento autoritário na primeira república — Uma interpretação", pp. 345-8, in Boris Fausto (dir.), *O Brasil republicano* — 2. Sociedade e instituições (1930-1977).

46. Cf. José Murilo de Carvalho, "República e ética, uma questão centenária", in Renato Raul Boschi (org.), *Corporativismo e desigualdade — A construção do espaço público no Brasil*, pp. 36-7. Quanto ao pensamento de Manuel Bonfim, cf. *América Latina: Males de origem*, 1905, particularmente o capítulo "As novas sociedades — Elementos essenciais do caráter; raças colonizadoras; efeitos do cruzamento", pp. 233-67.

47. Manuel Bonfim, op. cit., p. 264.

48. Dante Moreira Leite, op. cit., p. 251.

49. Manuel Bonfim, op. cit., pp. 267 e 240, respectivamente.

50. Os primeiros três capítulos da última obra estão dedicados a sistematizar as propostas teóricas sobre a cultura, "passando a limpo" as idéias do próprio autor no tocante à devida relação analítica entre fatores naturais e culturais: "[...] a escola culturalista moderna esá [sic] reconhecendo que a 'cultura' não pode explicar tudo, nem que o indivíduo seja apenas produto da cultura [§]. Não está muito longe o dia em que a sociologia terá de reconhecer — na gênese das culturas e nas transformações das sociedades — não apenas o papel da *hereditariedade individual* e do *grande homem*, mas mesmo o papel da *raça*. Na verdade, tudo parece afluir para uma grande síntese conciliadora [...] passou definitivamente a época

do exclusivismos monocausalistas". Francisco Oliveira Vianna, *Instituições políticas brasileiras* (1949), pp. 58-9.

51. Dante Moreira Leite, op. cit., p. 232. Em comentário que abre o balanço final de *Populações meridionais do Brasil*, Leite afirma: "[...] o sentido de toda essa elaboração confusa e contraditória, fruto de uma fantasia um pouco desordenada, que se aproxima de certas formas de doença mental [...]", p. 229.

52. Cf. Bolivar Lamounier, op. cit., pp. 345-8, 356-8 e 373-4.

53. Cf. Francisco Oliveira Vianna, *Instituições políticas...*, pp. 149-231. Cf. também Angela de Castro Gomes, "A política brasileira...", in Lilia Moritz Schwarcz, op. cit., pp. 507-11, 518-9.

54. Francisco Oliveira Vianna, *Pequenos estudos de psychologia social*, p. 17 (grifos no original).

55. A agudeza da observação de Oliveira Vianna vale a citação por extenso: "O que está passando no Brasil não é a degeneração do caráter nacional; é coisa de outra natureza. O que está dando à nossa sociedade esta aparência de corrupção e degeneração, por um lado, e, por outro, esta impressão de desalento e egoísmo, pode-se compendiar nesta fórmula synthetica: — Tendência, de origem recente, das classes superiores e dirigentes do paiz a se concentrarem nas capitaes; dahi, como conseqüência, uma crise intensa e extensa nos seus meios profissionais de subsistência" (Ibid, p. 20, grifado no original).

56. Francisco Oliveira Vianna, *O idealismo da constituição*, p. 101.

57. Ibid., pp. 98-9.

58. Segundo a avaliação de Dante Moreira Leite, trata-se da "[...] primeira interpretação rigorosamente psicológica de nossas histórias e de nosso caráter nacional", op. cit., p. 262.

59. Paulo Prado, op. cit., pp. 142 e 195.

60. No caso de Caio Prado, seu primeiro trabalho é *Evolução política do Brasil*, mas há quem atribua a *Formação do Brasil contemporâneo*, publicado só em 1942, o verdadeiro papel de divisor de águas na historiografia brasileira, inaugurando o estudo dos processos materiais que depois seria consagrado sob o rubro de história econômica. Cf. Fernando Novais, "Caio Prado Jr. na historiografia brasileira". In Reginaldo Moraes, Ricardo Antunes e Vera B. Ferrante (orgs.), *Inteligência brasileira*, pp. 9-26; Evaldo Cabral de Mello, "'Raízes do Brasil' e depois". In Sérgio Buarque de Holanda, op. cit., pp. 189-93.

61. A "desbiologização" da sexualidade é um caso particularmente elucidativo pelo tema e pelo deslumbrante exercício de esvaziamento das premissas do senso comum realizado por Freud; cf. *Três ensaios sobre a teoria da sexualidade*.

62. Gilberto Freyre, *Casa...*, p. 36 (grifo meu). No caso de Sérgio Buarque de Holanda, a obra em questão é normalmente caracterizada como sociológica, o que é correto; todavia, os tipos sociológicos do autor são, a um tempo, psicológicos; cf. op. cit., pp. 40, 43, 144, 146, 148, 158, 177 e 185.

63. Moreira Leite atenta para esse papel crítico da antropologia como "contribuição negativa" ao conceito do caráter nacional, definindo a segunda fase como uma contribuição afirmativa desse conceito. Cabe salientar que Ruth Benedict publicara em 1934 *Patterns of culture*, pois embora os livros citados sejam dois estudos de caso amplamente conhecidos — graças ao contexto da Segunda Guerra Mundial —, embasaram-nos formulações amadurecidas na década anterior, op. cit., pp. 47-8, 61-9; também cf. Roger Bartra, op. cit., pp. 18-9.

64. Sigmund Freud, *Más allá del principio del placer*, in *Obras completas de Freud* vol. II; particularmente pp. 277-82, 321-42. Sem entrar no mérito das pretensões do autor, sua obra forneceu arcabouço analítico extraordinariamente bem-sucedido, na constituição do campo disciplinar, para determinar os processos psíquicos como objeto de conhecimento — processos relegados à condição de "caixa-preta" nas abordagens comportamentalistas da época. Cf. Nestor Braunstein, *Psicologia: ideologia y ciencia*.

65. Antonio Candido, "O significado de *Raízes do Brasil*". In Sérgio Buarque de Holanda, op. cit., p. 9.

66. Gilberto Freyre, *Casa...*, p. 18.

67. Caio Prado Júnior, op. cit., p. 348.

68. Para a análise da constituição do *ethos* público resultam particularmente relevantes as duas primeiras obras.

III A RAPSÓDIA DO *ETHOS* PÚBLICO

1. Por algum motivo não explicitado nos seus livros, Dante Moreira Leite (op. cit.) e Carlos Guilherme Mota (op. cit.) não dedicam nenhuma atenção ao trabalho de Nestor Duarte, op. cit.; isso, a despeito de o seu pensamento se enquadrar perfeitamente dentro dos temas analisados por esses autores.

2. Nestor Duarte, op. cit., pp. 62-3. O autor se propõe a realizar um ensaio político para extrair as conseqüências políticas da ordem familiar patriarcal que em Freyre apareceria como história da intimidade e em Sérgio Buarque como reflexão do "problema cultural brasileiro".

3. O trabalho de Fernando de Azevedo, *A cultura brasileira — Introdução ao estudo da cultura no Brasil*, publicada em 1943, é normalmente assimilado à produção sociológica da década de 1930; cf. Dante Moreira Leite, op. cit., p. 293; Carlos Guilherme Mota, op. cit., p. 75; Octávio Ianni, op. cit., p. 30.

4. Cf. Fernando de Azevedo, op. cit., pp. 203-38; Dante Moreira Leite, op. cit., pp. 233-47, 250-5.

5. Por exemplo: "[...] formação do caráter ('*ethos*') do brasileiro"; Gilberto Freyre, *Sobrados...* , p. 612. Ou também: "[...] *ethos* [...] como constantes de valores e formas de sociedade e de cultura independentes de substâncias étnicas e, mesmo, etnográficas [...]"; Gilberto Freyre, *Problemas brasileiros de antropologia*, p. xxvii, citado em Elide Rugai Bastos, "Gilberto Freyre e a questão nacional", in Reginaldo Moraes, Ricardo Antunes e Vera B. Ferrante (orgs.), op. cit., p. 60.

6. Cf., por exemplo, Nathalíe Reis Itaboraí, "A família colonial e a construção do Brasil: vida doméstica e identidade nacional em Gilberto Freyre, Sérgio Buarque de Holanda e Nestor Duarte". Mais ilustrativa é a estranha operação mediante a qual Carlos Guilherme Mota acusa "o pretenso modernismo da obra freyreana" (op. cit., p. 55), como artífice da ideologia da cultura brasileira, sem considerar no elenco a influente obra de Sérgio Buarque de Holanda. Em sentido semelhante, cf., também, Dante Moreira Leite, op. cit., pp. 268-93. Quanto às trajetórias políticas, cf. Antonio Candido, "A visão política de Sérgio Buarque de Holanda"; Mario Cesar Carvalho, "Céu & inferno de Gilberto Freyre", pp. 4-8.

7. Apenas a partir da não-diferenciação entre o conteúdo das obras, de um lado, e os usos, apropriações e ulteriores elaborações desse conteúdo, do outro, é possível, por exemplo, inferir do texto a construção de um fetiche da igualdade, cujos efeitos nocivos na mediação ideológica das relações sociais levariam à negação do conflito. Cf. Teresa Sales, "Raízes da desigualdade social na cultura política brasileira", pp. 34-7. Sem negar a existência desses efeitos, seria preciso reconhecer que eles não provêm direta e necessariamente do corpo das obras, mas de suas reapropriações, usos e recepções, operadas inclusive pelos próprios autores. Esse é o caso de Freyre, que com o tempo foi enveredando por leituras e ressignificações pouco rigorosas de seus primeiros grandes trabalhos. Cf., por exemplo, Gilberto Freyre, *Homem, cultura e trópico*, pp. 13-29. Entretanto, no corpo de *Casa-grande & senzala* há, sim, antagonismos, mas a supremacia do social sobre o político, da sociedade sobre o Estado — que fizera de Freyre um autor de veia democrática diante do pensamento autoritário —, leva a sua resolução no seio da sociedade sem a mediação do momento político, que conferiria a esses antagonismos feições de conflito. Cf., por exemplo, Valeriano Mendes Ferreira Costa, "Vertentes democráticas em Gilberto Freyre e Sérgio Buarque", pp. 231-2, 235-6. O caso de *Raízes do Brasil* é mais evidente, pois a sociabilidade do homem cordial não é igualitária, porém terrivelmente hierárquica.

8. Em Gonçalves Magalhães é possível ler, por exemplo: "O Brasil, descoberto em 1500, jazeu três séculos esmagado debaixo da cadeira de ferro, em que recostava um Governador colonial como todo o peso de sua insuficiência, e de seu orgulho. Mesquinhas intenções políticas, por não dizer outra coisa [...]" ("Discurso sobre...", loc. cit., p. 28). Em Joaquim Nabuco: "[...] Portugal descarregava no nosso

território os seus criminosos, as suas mulheres erradas, as suas fezes sociais todas, no meio das quais excepcionalmente vinham emigrantes de outra posição [...]" (*O abolicionismo*, p. 98).

9. Cf. Elide Rugai Bastos, op. cit., particularmente, pp. 48-57; Hermano Vianna, "Equilíbrio de antagonismos", pp. 21-2.

10. Após declarar a insuficiência dos estudos e monografias — "quase sempre ligadas às condições geográficas e às três raças" — para desenvolver "uma psicologia política e social do povo brasileiro", Fernando Azevedo lança mão da tradição ibérica, acompanhando de perto o argumento de Sérgio Buarque de Holanda, e explica mediante esse recurso tanto a falta de coesão social como a constante resistência à concentração política (CB, pp. 205, 21).

11. "A bem dizer, essa solidariedade, entre eles [espanhóis e portugueses], existe somente onde há vinculação de sentimentos mais do que relações de interesses — no recinto doméstico ou entre amigos. Círculos forçosamente restritos, particularistas e antes inimigos que favorecedores das associações estabelecidas sobre plano mais vasto, gremial ou nacional" (RdB, p. 39).

12. Fernando Azevedo adscreve explicitamente a tese de Sérgio Buarque de Holanda no que diz respeito à supremacia inconteste da herança dos portugueses (p. 209), pois "[...] sempre ficou superficial a assimilação de índios e negros pela cultura ibérica, predominante em todos os pontos [...]" (p. 206). Entretanto, talvez pelo fato de ele ser tributário das condições do debate estabelecidas na década anterior, o autor dispensa qualquer tratamento à especificidade do caráter português, limitando-se à afirmação de estar ainda por se estudar cientificamente o resultado da interação das três culturas (p. 208). Embora em registro diferente, porque preocupado com as conseqüências da herança lusa nas instituições que viabilizam a vida pública, Duarte também se aproxima do raciocínio de Sérgio Buarque de Holanda quanto às feições do colonizador: "[...] o português era e continuará a sê-lo, o que é mais mencionável, um povo eminentemente particularista [...]" (OP, p. 3). Ainda mais, antecipando o diagnóstico que em *Raízes do Brasil* só aparece quando da caracterização da sociedade colonial, Duarte sustenta: "O português é mais um homem *privado* do que político" (OP, p. 4). E esse privatismo não se esgota no estatuto psicológico dos traços do caráter, mas encontra estímulo e espaço propício de projeção nas instituições políticas do Estado português, na sua organização municipal, cuja nota distintiva é a "[...] indistinção de esferas, quando não seja o predomínio do espírito privado sobre o público. [...] A organização municipal prolonga, assim, até a esfera da *res-pública* o conjunto e massa de interesses da vida e da organização privada" (OP, p. 11).

13. Tradição "[...] cujos começos foram todos agrários; agrária sua formação nacional [...]" (CG&S, p. 418).

14. A posição de Azevedo é, neste ponto, mais próxima à de Freyre e aparece de forma nítida em duas passagens de seu livro (CB, pp. 90, 166-7).

15. É claro que se trata de efeitos indesejáveis, porém resultam consubstanciais a "[...] uma sociedade entregue principalmente aos elos e aos interesses da relação territorial da propriedade, com todos os estilos próprios e o sentimento e a mentalidade desse tipo de organização feudalizante" (OP, p. 24).

16. Para formulá-lo nos termos de Duarte, "É próprio da colônia [...] o exercício mais do que os romanos chamavam de vida civil em contraposição à vida pública [...] a vida social da colônia é, sobretudo, vida de relação civil, própria e exclusiva do convívio do homem com o homem e dos rendimentos e trocas estimulados e entabulados pelas suas atividades particulares" (OP, pp. 45-6).

17. George Avelino Filho, "Cordialidade e civilidade em *Raízes do Brasil*", p. 8.

18. As implicações mais relevantes dessa organização privada não são, para Duarte, o atomismo social ou o caráter inorgânico e superficial da organização política, mas "[...] a modificação da índole do próprio poder, que deixa de ser o da função política para ser o da função privada" (OP, p. 88).

19. A extraordinária novidade do livro clássico de Nunes Leal foi além de documentar profusamente a dinâmica do coronelismo no plano das normas institucionais da política e da administração governamental, introduzindo a lógica do agente de forma sistemática. Em sua obra, o coronelismo não obedece a nenhuma forma de continuidade das raízes culturais; mais ainda, antes de ser expressão da força do "ruralismo" ou do "privatismo" na vida nacional, representa, na verdade, a decadência dos "senhores das terras", submetidos pelo poder do Estado. (*Coronelismo, enxada e voto — O município e o regime representativo no Brasil*, cf. pp. 62-70, 74-8). Por sua vez, Faoro opera inversão radical nos termos usuais do debate, pois na sua interpretação da "formação do Brasil", o pólo privado — isto é, a sociedade, o povo, as classes — aparece totalmente subjugado pela pujança e autonomia do Estado e do estamento burocrático: "O Estado sobrepôs-se à sociedade, amputando todos os membros desta que não pudessem ser dominados" (*Os donos do...*, p. 78; cf. especialmente pp. 8-15, 39-45, 51-8 e 69-75). Assim, no caso de Faoro, a perversão do espaço público não provém do pólo privado da sociedade, mas da própria forma de estruturação do poder público.

20. "[...] a tradição conservadora no Brasil sempre se tem sustentado do sadismo do mando, disfarçado em 'princípio de Autoridade' ou 'defesa da Ordem'" (CG&S, p. 168); "[...] no íntimo, o que o grosso do que se pode chamar 'povo brasileiro' ainda goza é a pressão sobre ele de um governo másculo e corajosamente autocrático" (CG&S, p. 167).

21. Duarte também partilha essa concepção: "E como todo o País, no seu ruralismo, se compôs e se definiu na órbita, no espírito e no mando dessa classe [senhorial], foi ela que lhe deu até aqui a sua tradição, o sentido profundo de sua psico-

logia, a índole de suas concepções e de seus sentimentos coletivos" (OP, p. 108). Contudo, diferentemente de Sérgio Buarque de Holanda, em Duarte essa tradição opera na esfera política apenas mediante sua corporificação no homem público, que se debate para se libertar desse "[...] passado de forte peso tradicional, que o define e que o formou, esculpindo-lhe sentimentos e hábitos sociais, como costumes mentais e morais. [§] A força desse passado há de ser naturalmente superior à força das idéias e dos princípios abstratos" (OP., p. 119).

22. A breve polêmica entre Cassiano Ricardo e Sérgio Buarque de Holanda resultaria sintomática daquilo que se tornou mal-entendido comum nos usos da idéia de um "homem cordial", como sendo representativo do bondoso "homem brasileiro". Com efeito, os reparos realizados por Cassiano Ricardo ao homem cordial pretendiam demonstrar "Que a bondade (ao invés da cordialidade) é nossa contribuição ao mundo [...]"; isto é, a idéia que deveras exprimia o sentido do pensamento de Sérgio Buarque não era a cordialidade, mas a bondade, sempre conciliatória e responsável por um estilo de vida criador do "[...] o máximo de felicidade social até hoje sonhado por teorias e profetas" (Cassiano Ricardo, "Variações sobre o homem cordial", pp. 197, 204). A polêmica foi publicada na revista do Colégio, em 1948, e depois incorporada na terceira e seguintes edições de *Raízes do Brasil* (1955). O debate foi eliminado da edição em circulação. O estatuto rigorosamente etimológico e conceitual do homem cordial tem sido negligenciado por inúmeros autores. Por exemplo, Freyre considera-o como sinônimo da "simpatia à brasileira" (SeM, p. 644), e para Azevedo, voltando ao registro da bondade como traço distintivo do brasileiro, "É uma delicadeza sem cálculo e sem interesse, franca, lisa e de uma simplicidade primitiva [...]" (CB, p. 212).

23. Por exemplo: "De fato, o crime brasileiro é cordial: ele não guarda as distâncias, prefere passar pelo corpo"; Contardo Calligaris, "Do homem cordial ao homem vulgar", p. 9.

24. "E um dos efeitos decisivos da supremacia incontestável, absorvente, do núcleo familiar — a esfera por excelência dos chamados 'contatos primários', dos laços de sangue e de coração — está em que as relações que se criam na vida doméstica sempre forneceram o modelo obrigatório de qualquer composição social entre nós. Isso ocorre mesmo onde as instituições democráticas, fundadas em princípios neutros e abstratos, pretendem assentar a sociedade em normas antiparticularistas" (RdB, p. 146). Na linguagem ilustrativa e involuntariamente bem-humorada de Azevedo, trata-se de "formas imprevistas de individualismo" que estimulam o desenvolvimento de classes, "[...] não só as sociais, mas anti-sociais, cujo individualismo agressivo tinha de forçosamente tomar o lugar à lei e à proteção do Estado" (CB, pp. 168 e 220, grifo meu).

25. É notável o fato de a concepção de civilidade em Sérgio Buarque de Holanda, como condição de possibilidade da política e do espaço público modernos, coincidir com reflexões de autores da envergadura de Norbert Elias e Richard Sennet,

cujos trabalhos foram desenvolvidos algumas décadas depois. Esse paralelismo também foi observado por George Avelino Filho, que estende as afinidades à obra de Reinhart Koselleck; cf. op. cit., pp. 9-10.

26. Cf. Omar Ribeiro Thomaz, "Prefácio a *Interpretação do Brasil*", in Gilberto Freyre, *Interpretação do Brasil*.

27. A problemática da transição para a sociedade industrial nas dimensões econômica, política e cultural constituíra uma das preocupações mais recorrentes das ciências sociais até a década de 1970. Octávio Ianni vai mais longe e afirma ser esse o núcleo de problemas predominante sobre outros problemas que também foram de principal importância, como a reinterpretação da história social do país e o caráter da revolução burguesa. Octávio Ianni, *Sociologia e sociedade no Brasil*, pp. 17-8, 23-9.

28. "Mas, à base desse tipo de comportamento político [...] [a subordinação dos interesses nacionais aos interesses de grupos] residem[,] mais do que a persistência de hábitos inveterados da dominação patriarcal, as profundas transformações de estrutura que marcam, no processo de evolução social e política, o estado agudo da crise mais grave e complexa por que já passou o país, em toda sua história" (CB, p. 197).

29. Convém lembrar que Azevedo fora nomeado para a presidência da Comissão Censitária Nacional e que, apesar do "apoio sem restrições" de Getúlio Vargas, recusara a indicação, tendo de aceitar, todavia, o encargo de escrever a introdução ao recenseamento de 1940. O livro de Azevedo contemplado nestas páginas é, precisamente, o resultado de tal encargo (CB, pp. 21-4).

30. "Com a simples cordialidade não se criam bons princípios. É necessário algum elemento normativo sólido, inato na alma do povo, ou mesmo implantado pela tirania, para que possa haver cristalização social. A tese de que os expedientes tirânicos nada realizam de duradouro é apenas uma das muitas ilusões da mitologia liberal, que a história está longe de confirmar" (RdB, p. 185).

31. Sérgio Buarque de Holanda, "Carta a Cassiano Ricardo", p. 213.

32. E conclui sem ambigüidades: "Por isso, é bem maior a sobrevivência do que poderemos chamar o seu espírito institucional, tanto mais resistente e arraigado quanto chegou a formar do brasileiro um tipo social próprio e que transparece inconfundível nas nuanças de nossa psicologia social [...]" (OP, p. 109).

33. A prolixidade de Freyre pode conduzir ao engano de se pensar que a ausência de qualquer distinção conceitual sistemática é traço característico de sua obra; no entanto, particularmente no que diz respeito à dissolução da ordem patriarcal, o autor explora de forma exaustiva, no terreno da análise descritiva, "[...] o impacto das influências individualistas, estatistas ou coletivistas mais particularmente hostis às antigas hierarquias sociais dominantes [...]" (SeM, p. XC). Essas influên-

cias operam em diferentes níveis: "suprapatriarcal", ou de concentração política do poder (SeM, cf. v. gr., p. 305), "infrapatriarcal", ou de individualização dos membros da família (SeM, cf. v. gr., pp. 22, 87-8, 121), e poder-se-ia dizer, embora a expressão não apareça no texto, "metapatriarcal" ou de geração de novas esferas de atividades sociais autônomas diante dos poderes patriarcais (cf. v. gr. SeM, p. 122). A análise mais ou menos pormenorizada do tratamento que Freyre dá à ação dessas influências escapa ao objetivo deste trabalho. Entretanto, é oportuno abordar as tendências dissolutivas, mesmo que seja brevemente, pois é no seu contexto que se produzem conseqüências de fundamental importância para a questão do *ethos* público.

34. Elide Rugai Bastos, "Os descendentes de Prometeu", p. 18.

35. Na medida em que não há em Freyre uma oposição intemporal entre a casa e a rua, mas uma tensão construída por processos históricos relativamente recentes, é incorreto o pressuposto de Roberto DaMatta, segundo o qual, "[...] se a casa está, conforme disse Gilberto Freyre, relacionada à senzala e ao mocambo, ela também só faz sentido quando em aposição ao mundo exterior: ao universo da rua". Na verdade, a casa-grande e a senzala dificilmente fariam sentido por oposição à rua. Roberto DaMatta, *A casa...*, p. 17.

36. Em "Alusão a Sérgio Buarque de Holanda", a sua interpretação sobre o caráter inevitável da erradicação das raízes rurais — e de sua síntese: o homem cordial —, Gilberto Freyre empresta a noção de personalismo, quiçá para frisar o destinatário, e exprime: "Tudo indica que a família entre nós não deixará completamente de ser a influência se não criadora, conservadora e disseminadora de valores, que foi na sua fase patriarcal. O personalismo do brasileiro [...] dificilmente desaparecerá de qualquer de nós" (SeM, p. xc).

37. Segundo Azevedo: "O que dela nos ficou [da sociedade rural], quase como um resíduo transferido à vida política, foi a moral de patrões e agregados, de senhores e escravos, formada e desenvolvida no regime social da escravidão" (CB, p. 224). A transferência de um patriarcalismo amenizado para o âmbito da cultura política também pressupõe, nesse autor, que as arestas mais indesejáveis do legado rural foram e serão aparadas pelo processo de urbanização da sociedade: "[...] defeitos ou traços de caráter, como a imprevidência, a tristeza e o desapego da terra, intimamente ligados a determinados estágios de nossa evolução, e destinados a desaparecer ou a alterar-se com as modificações na estrutura social, são erroneamente atribuídos [...] como aspectos raciais e típicos de nossa civilização" (CB, p. 208).

IV A REPRODUÇÃO DO *ETHOS* PÚBLICO

1. Victor Nunes Leal, op. cit., p. 59

2. Dante Moreira Leite, op. cit., pp. 310-24; Carlos Guilherme Mota, op. cit., pp. 268-70 e 278. Em livro recente e lançando mão de boa parte do material sistema-

tizado por Moreira Leite, Marilena Chauí volta à crítica da ideologia do nacional; cf., *Brasil — Mito fundador...* .

3. Carlos Guilherme Mota, op. cit., pp. 268-9.

4. Teresa Sales, op. cit., pp. 31-7.

5. Vera da Silva Telles, "Cultura da dádiva, avesso da cidadania", p. 46.

6. Vera da Silva Telles, A *cidadania inexistente: incivilidade e pobreza — Um estudo sobre o trabalho e a família na Grande São Paulo*, pp. 90-1. Para outra expressão do mesmo paradoxo, mas agora definido como crítica ferrenha das ideologias do nacional que simultaneamente expõe traços do *ethos* — favor, tutela, indistinção — como diagnóstico do espaço público, cf. Marilena Chauí, *Conformismo...*, pp. 55-6, 136-7.

7. Octavio Paz, *El laberinto de la soledad*, p. 66. Nessa passagem, Paz não trata das sobrevivências do pensamento político-social empenhado na definição da identidade nacional — do qual ele é protagonista exímio —, mas do próprio processo histórico de definição dessa identidade enquanto diferença cultural e psicológica, o que aproxima em mais de um sentido *El laberinto de la soledad* de *Raízes do Brasil*. O primeiro livro é uma síntese, o desfecho final de um período de novas inquietações intelectuais em torno da identidade nacional, enquanto o segundo ocuparia mais a posição de abertura consagrada. A despeito de a observação de Paz estar referida a processos históricos e não ao plano do pensamento, a idéia da renitência de certos "fantasmas" que, separados de suas circunstâncias vitais, passaram a assombrar o entendimento, pode ser emprestada para ilustrar plasticamente a contínua reposição do *ethos* e seus efeitos: "A persistência de certas atitudes e a liberdade e independência que assumem diante das causas que as originaram, [...] [§] Em suma, a história poderá esclarecer a origem de muitos dos nossos fantasmas, porém, não os dissipará" (Ibid.).

8. Marilena Chauí, *Conformismo...*, pp. 55-6 e 136.

9. Por exemplo: "A vida se esgota no próprio agente: ele gosta de perfumes e de roupas novas e bonitas, mas emporcalha o espaço ao seu redor [...]. A nem sempre clara ordenação da apresentação pessoal não se estende ao espaço circundante e à co-responsabilidade com aquilo que é propriamente público. Tudo se mostra, portanto, banalizado. [§] Por isso o privado é entre nós tão precário. Ele não funda uma consciência social moderna e impessoal. A pessoa continua no centro das relações sociais, não o indivíduo [...]"; José de Souza Martins, *A sociabilidade do homem simples*, pp. 52-3. Em outro registro, que não o da caracterização geral de uma sociabilidade personalista, o próprio José de Souza Martins oferece instigante análise antropológica de formas não modernas da geografia social do público/privado nas populações de fronteira, onde a propriedade e a privacidade, a vida pública e o comunitário, tal e como entendidas para o resto do país, não definem os contornos dessa geografia ("A vida pública nas áreas de expansão da sociedade

brasileira", in Lilia Moritz Schwarcz, *História da vida privada...*, loc. cit., cf. pp. 670-81, 684-726). Para outras interpretações afirmativas da lógica do *ethos*, cf., Guillermo O'Donnell, "Situações — Microcenas da privatização do público em São Paulo", pp. 45-52; Luís R. Cardoso de Oliveira, "Entre o justo e o solidário — Os dilemas dos direitos de cidadania no Brasil e nos EUA", pp. 70-4; Luiz Eduardo W. Wanderley, "Rumos da ordem pública no Brasil — A construção do público", pp. 98-9; Teresa Sales, op. cit., pp. 26-34; Contardo Calligaris, op. cit., pp. 8-10; João Camilo de Oliveira Torres, op. cit., pp. 35-9.

10. Cf. Roberto DaMatta, *A casa e...*, pp. 65-95; Roberto DaMatta, *Carnavais, malandros...*, pp. 21 e 179-95; Roberto DaMatta, "Um indivíduo sem rosto", in Roberto DaMatta, José Murilo de Carvalho et al., *Brasileiro cidadão?*, pp. 3-21.

11. Guillermo O'Donnell, op. cit., p. 49 (grifos meus).

12. Exemplo de crítica à origem concreta de distorções no espaço público, voltada para elucidação do contexto e dos condicionamentos específicos que geram tais distorções, pode ser encontrado nas idéias plásticas "cidadão privado" ou "subcidadania", desenvolvidas por Lúcio Kowarick (*Escritos...*, pp. 43-55, 81-95; especialmente pp. 54 e 94). Em ambos os casos, trata-se de denominações sintéticas para simbolizar a dinâmica das mediações presentes em certos processos urbanos, que por sua vez afetam certas camadas da população. Cf., também, a análise contextual de José de Souza Martins, op. cit., pp. 660-726.

13. Para outros trabalhos de tipo afirmativo, vide nota 65, do capítulo II (As armadilhas da identidade nacional).

14. Como atesta o caso de José Murilo de Carvalho e sua análise sobre a inversão, no país, do paradigma clássico marshalliano sobre a evolução e a consolidação dos direitos de cidadania, o que explicaria a existência de uma "concepção de liberdade pré-cívica" e, no limite, da "ausência de cultura cívica"; cf. "Interesse contra cidadania", in Roberto DaMatta, José Murilo de Carvalho, et al., op. cit., pp. 102-3. A mesma posição fora exposta pelo autor, com maior fôlego, no livro *Desenvolvimiento de la ciudadania en Brasil*.

15. "O não-reconhecimento do outro como sujeito de interesses, aspirações e razões válidas significa uma forma de sociabilidade que não se completa, porque regida por uma lógica de anulação do outro como identidade [...] esse é um tipo de sociabilidade que não constrói alteridade [...]"; "É possível dizer que o drama da sociedade brasileira está por inteiro inscrito nessa equação entre cidadania e civismo que não se completa". Vera da Silva Telles, op. cit., pp. 98 e 114, respectivamente.

16. A presença coetânea de distintas temporalidades históricas é explorada por José de Souza Martins na abordagem das relações entre corrupção, clientelismo e espaço público no Brasil. No registro de uma "história lenta", da "história daquilo que permanece", seria possível analisar a especificidade do modo em que "o públi-

co e o privado se confundem", sem por isso reconduzir toda materialização do público ao terreno negativo dos valores enraizados. Nesse sentido, perderia qualquer pertinência a dicotomia simplificadora entre o privado, enquanto moralidade e sociabilidade plenas de conteúdos incivis, de um lado, e o público, como norma ou pura forma esvaziada de efetividade, do outro. José de Souza Martins, *O poder do atraso — Ensaios de sociologia da história lenta*, pp. 11-51; especialmente pp. 14, 20-2, 24 e 37-8.

17. Cf. Roberto DaMatta, *A casa &...*, p. 25. A periodização proposta por Lívia Barbosa, em balanço sucinto das grandes interpretações sobre o Brasil, é bastante ilustrativa da filiação do tipo de estudos encabeçados por esse autor: após definir a existência de duas grandes vertentes, a primeira voltada para os macroprocessos econômicos e políticos e a segunda preocupada com a compreensão das caraterísticas "culturais" do país, Barbosa assevera que "As [interpretações] do primeiro tipo predominaram do início do século até meados de 1930 e, depois, ressurgiram em torno da década de 1940. As do segundo tiveram seu período áureo na década de 1930, desaparecendo quase completamente até meados de 1970" (*O jeitinho brasileiro — A arte de ser mais igual que os outros*, p. 4). Apenas é preciso assinalar que *Carnavais, malandros e heróis*, de DaMatta, teve sua primeira edição pública em 1978. Diga-se de passagem que, a despeito da filiação da autora às idéias de DaMatta, ao dar tratamento ao "jeitinho" como categoria nativa, ela realiza interessante análise que contorna a tentação de decifrar qualquer essência cultural ou conteúdo substantivo do "ser brasileiro". Além de examinar com prudência a função e usos dessa categoria, Barbosa mostra que, diferentemente do que pareceria lógico esperar, a noção "jeitinho brasileiro" só entrou em uso corrente a partir dos anos 1970 (pp. 139-47).

18. Roberto DaMatta, *O que faz...*, pp. 11, 13 e 14, respectivamente; também, Roberto DaMatta, *Carnavais, malandros...*, p. 15.

19. Roberto DaMatta, *O que faz...*, p. 15.

20. Roberto DaMatta, "Um indivíduo...", p. 29; cf., também, Roberto DaMatta, *A casa &...*, pp. 20 e 50.

21. Roberto DaMatta, *Carnavais, malandros...*, pp. 21, 25, 169 e 178.

22. "Pois sendo assim, ao sair do meu domínio e desfazendo minhas relações, não sou nada [...] O que equaciona o anonimato e a individualização (ou sua possibilidade) como um risco e um castigo [...]." Ibid, p. 176.

23. Roberto DaMatta, *Carnavais, malandros...*, pp. 146-204; cf. especificamente pp. 149, 158-61 e 168.

24. Guillermo O'Donell, "E eu com isso? Notas sobre sociabilidade e política na Argentina e no Brasil", in *Contrapontos: autoritarismo e democratização*, pp. 121-53.

25. Sem se tratar propriamente de uma saga, o título provém das memórias de viagem anterior aos Estados Unidos, publicadas sob a rubrica Gato preto em campo de neve; ademais, aproveitando alguma de suas longas estadias nesse país, o autor visitou o "vizinho do sul" e narrou suas impressões em livro de nome mais austero: *México*.

26. Erico Verissimo, *A volta do gato preto*, pp. 170 e 388, respectivamente.

27. Dante Moreira Leite foi bastante agudo em sua crítica ao uso de "formas estereotipadas de linguagem" como expediente para desvendar diferenças psicológicas e culturais das sociedades; cf. op. cit., pp. 61-9, 96-7.

28. Roberto DaMatta, *A casa &...*, p. 85

29. Roberto DaMatta, *Carnavais, malandros...*, p 195.

30. Aqui, tal formulação é intuitiva pelo desconhecimento dos suportes pertinentes no campo do debate teórico da historiografia; ainda assim, a distinção é clara para quem conhece a extraordinária relevância da historiografia, e de outras práticas produtoras de discurso, na *representação* da história no México. Diferentemente do Brasil, pode se dizer que nesse país a *representação* da história, na forma de uma pedagogia da "odisséia nacional", desempenhou papel fundamental nas estratégias de legitimação do poder político, o que sem dúvida contribuiu para multiplicar estímulos públicos não desprezíveis quanto a sua influência na consolidação das artes plásticas. Nesse terreno, Rodrigo Naves observa que, no Brasil, as artes visuais têm suscitado menor atenção e recepção do que outras práticas estéticas, como a literatura, a poesia, a arquitetura, a música e o cinema: "De fato, talvez nenhuma outra área artística brasileira tenha menor penetração pública". Rodrigo Naves, *A forma difícil — Ensaios sobre a arte brasileira*, p. 10. Diga-se de passagem, com intuito comparativo, que não parece fortuita a posição de privilégio ocupada pela arquitetura no Brasil, como gramática do poder para representar não encarnação do passado e da história comum da nação "toda", mas como simbolização do futuro, como cristalização de anseios modernizadores. Cumpre assinalar, ainda, que a historiografia como representação não pode ser reduzida a simples "ideologia"; trata-se de um campo de enorme importância a ser disputado pela produção historiográfica, embora os historiadores prefiram, amiúde, não se engolfar nele.

31. Nesse sentido, a ciência é um tipo de conhecimento que, graças às regras de constituição de seu discurso, pode ser afirmado como saber, diferentemente das experiências subjetivas ou vivenciais da verdade — conversão ou amor, por exemplo —, por definição incomunicáveis como saber. Cf., Luis Villoro, *Crer, saber, conocer*.

32. A analogia refere-se particularmente aos murais de Diego Rivera, crivados de personagens típicos e de contrastes cromáticos. Foi a pertinente observação do autor que desencadeou nesse trabalho observações muito periféricas sobre o vínculo entre a obra de Freyre e a questão da história como representação.

33. A contundência estilística dos argumentos não é coisa que possa ser dispensada julgando-a banal. As interpretações dominantes vigoram porque há nelas uma força que vai além do estritamente cognitivo e que pertence, pelo menos em parte, àquilo que Gerald Holton chamou de componentes temáticos. A beleza é um componente temático das idéias, presente não apenas no terreno do que aqui foi denominado "representações" ou no âmbito cognitivo das ciências sociais: o físico P. A. M. Dirac, comentando em 1925 as formulações de Heisenberg acerca das equações de movimento, tomou posição afirmando que "uma teoria que tem certa beleza matemática mais provavelmente será correta do que outra feia que nos dê um guia detalhado de alguns experimentos". Citado por Gerald Holton, op. cit., p. 10, cf., principalmente, pp. 15-30 e 178-201.

34. Karl R. Popper, *La lógica de la investigación científica*, pp. 33-42.

35. Para as divergências do autor com esse "psicologismo", cf., ibid., pp. 30-2.

36. Gaston Bachelard, *A formação do espírito científico*, pp. 17-28.

37. Ao longo destas páginas, tem se firmado sem maiores esclarecimentos a diferença entre a "compreensão", como esforço voltado para a problematização, e a "explicação", como momento de conformidade com as razões existentes. Apenas agora, com a formulação mais precisa do raciocínio circular operado pela introdução do *ethos*, adquire nitidez tal distinção. A diferença entre "compreender" e "explicar" faz parte de uma antiga discussão epistemológica, presente na diferenciação entre o método de pesquisa e o método de exposição em Marx, na dualidade razão instrumental *versus* razão crítica da Escola de Frankfurt e, mais recentemente, no chamado pensamento complexo — crítico dos monismos causais, temáticos e disciplinares. Cf. Edgar Morin, *Introducción al pensamiento complejo*, pp. 27-35, 87-110; Alfredo Gutiérrez Gómez, *Deslimitación — El outro conocimiento y la sociología informal*, pp. 195-239. Particularmente, cf. José M. Mardones, *Filosofia de las ciencias humanas y sociales — Materiales para una fundamentación científica*. Nesse interessante trabalho de reflexão filosófica, Mardones organiza a tradição do pensamento ocidental em duas grandes vertentes, baseando-se na distinção entre a filiação às problemáticas da compreensão ou da explicação. No caso destas páginas, a diferenciação entre os termos "compreensão" e "explicação" guarda vínculo mais estreito com as teses epistemológicas de Hugo Zemelman, segundo as quais existe uma relação paradoxal entre ambos os termos, pois para se aproximar da realidade de forma compreensiva é preciso renunciar, no primeiro momento, à tentação de explicar. Cf. Hugo Zemelman, op.cit. e Hugo Zemelman, *Los horizontes de la razón — I. Dialéctica y apropiación de presente*.

38. A larga presença, na história do pensamento político-social latino-americano, de categorias que inferiorizam a realidade da qual são oriundos os pensadores que as utilizam já merecera inúmeras reflexões, via de regra em registro engajado — "estrangeirismo", "imitação", "peregrinismo", "ecletismo", "mimetismo", "colonia-

lismo cultural" — , e em menos ocasiões em termos analíticos — "bovarismo", "idéias fora do lugar". Cf., é claro, Roberto Schwarz, *Ao vencedor as batatas...*, op. cit., pp. 13-25; Antonio Caso, *Antologia filosófica*, pp. 197-200. Para Dante Moreira Leite, "[...] Sílvio Romero foi o primeiro em enfrentar esse problema muito curioso da história intelectual: como é que um povo considerado inferior interpreta essa inferioridade?", op. cit., p. 183. Há quem atribua a esse problema origens mais remotas, cf., Leopoldo Zea, *América Latina y el mundo*; Arturo Uslar Pietri, *La creación del Nuevo Mundo*, pp. 97-154. Recentemente, a historiografia indiana tem revisitado esse problema sob a rubrica de *subaltern estudies*, no intuito de construir uma historiografia alternativa a partir do olhar dos países coloniais; cf. Dipesh Chakrabarty, "Historias de las minorias, pasados subalternos", pp. 87-111; Guillermo Zermeño Padilla, "condición de subalternidad, condición postmoderna y saber histórico. ¿Hacia una nueva forma de escritura de la historia?", pp. 11-47.

39. Interessante revisão acerca da constituição histórica e pressupostos do modelo cívico moderno pode ser consultada em Fernando Escalante Gonzalbo, op. cit., pp. 32-48.

40. Nestor Duarte, op. cit., p. 116.

41. De fato, "A descoberta começa com a percepção da anomalia [...]", para dizê-lo com a formulação clássica de Kuhn acerca da transformação e ampliação da ciência normal. Thomas S. Kuhn, *La estructura de las revoluciones científicas*, p. 93. Os pressupostos normativos da noção "anomalia" foram explorados com extraordinária pertinência por Georges Canguilhem, particularmente se considerado o escopo disciplinar de sua obra *Le normal et le pathologique* (cf. pp. 76-95).

42. Não raro, a expressão de Schwarz "nacional por subtração", que dá nome ao segundo ensaio de seu livro *Que horas são?*, é invocada para questionar o pensamento de distintas características do país como negação de certas qualidades pressupostas como desejáveis; todavia, o uso do autor é mais restrito, pois se refere apenas a uma das vias utilizadas pelo pensamento nacionalista para equacionar a incômoda experiência daquilo que após a independência foi estereotipado como "artificialidade" da cultura, como seu "vergonhoso" pendor imitativo (cf. pp. 32-3, 46-8).

43. Por exemplo, José Álvaro Moisés, "Eleições, participação e cultura política: mudanças e continuidades", pp. 133-87; José Álvaro Moisés, "Democratização e cultura política de massas no Brasil", pp. 5-51. O último artigo foi revisto e praticamente reescrito para sua publicação em *Os brasileiros e a democracia — Bases sócio-políticas da legitimidade democrática*, livro em que o autor amplia a reflexão acerca da cultura política no Brasil para além do voto e do sistema político (cf., v. gr., pp. 235-63).

44. Rodrigo Naves, op. cit., pp. 9-39.

45. Sérgio Buarque de Holanda, *Raízes do...*, p. 183. Em outro trecho da obra, o autor afirma: "Religiosidade que se perdia e se confundia num mundo sem forma e que, por isso mesmo, não tinha forças para lhe impor sua ordem", p. 150.

46. Antonio Candido, *O discurso e a cidade*, pp. 19-54. O texto em questão é "Dialética da malandragem", publicado pela primeira vez em 1970. "No Brasil, nunca os grupos de indivíduos encontraram tais formas [as de uma "sociedade moral" como a presente na formação histórica dos Estados Unidos, cristalizada em romances como *A letra escarlate*]; nunca tiveram a obsessão da ordem senão como princípio abstrato [...]", pp. 50-1. Cf. a esclarecedora análise de Roberto Schwarz: "Pressupostos, salvo engano, de 'Dialética da malandragem'". In *Que horas...*, pp. 129-55. Nessa análise, após esmiuçar a importante renovação trazida pelo texto de Candido para a crítica literária, Schwarz acusa a sobrevivência de um "*ethos* cultural", de um "modo de ser brasileiro", que aproxima esse autor das formulações clássicas de Gilberto Freyre e Sérgio Buarque de Holanda (p. 150). Aliás, utilizando-se das formulações de Antonio Candido acerca da relação entre a produção artística e a estrutura social, e sem recorrer à análise concreta da forma na obra, Gilberto Vasconcellos ousou nova hipótese no terreno da música popular: a síncope ostentaria "[...] os sinas do espaço historicamente irregular no qual se desenvolveu" (op. cit., p. 518).

47. Roberto Schwarz, *Um mestre na periferia do capitalismo — Machado de Assis*, pp. 18-27, 32.

48. Raymundo Faoro, *Os donos...*, p. 271.

49. Cf. Roberto Schwarz, "Machado de Assis: um debate — Conversa com Roberto Schwarz", pp. 59-84. Nesse debate, Schwarz frisa as similitudes entre Machado de Assis e Charles Baudelaire: "O recurso de Baudelaire é o mesmo do Machado: ao invés de você falar em nome próprio, com lirismo ou reflexões sinceras, você identifica seu 'eu lírico' com o lado mais abjeto da classe dominante" (p. 63). O ponto fora explorado por Walter Benjamin em seu livro inconcluso sobre o poeta francês, *Charles Baudelaire, um lírico no auge do capitalismo*, cujo título guarda semelhanças evidentes com o nome da obra de Schwarz. O livro de Benjamin foi publicado pela primeira vez em 1969, e contém três ensaios nos quais o autor explora as idéias que seriam desenvolvidas de forma sistemática em projeto mais ambicioso sob a rubrica respeitada no título de 1969.

50. Uma análise autorizada sobre o valor da crítica estética de Naves pode ser consultada em Alberto Tassinari, "Brasil à vista", pp. 171-6.

51. O estudo mais minucioso no trabalho de Naves está dedicado à obra de Jean Baptiste Debret, op. cit., pp. 41-129.

52. José de Souza Martins, *A sociabilidade do homem simples*, p. 25.

53. Bolivar Lamounier, op. cit.

ÍNDICE REMISSIVO

abolicionismo, 15, 16, 49, 52, 68, 76, 103, 104, 119
Lei Áurea, 58, 77
abolicionismo, O (Joaquim Nabuco), 15, 196
absolutismo, 33
Adorno, Theodor, 92
África, 184
africanos, 79; *ver também* negros
agricultura, 107, 108, 109, 113, 187
Alencar, José de, 68, 74
Alencastro, Luiz Felipe de, 183
alfabetização, índices de, 27, 34, 37, 38, 39
Almeida, Manuel Antônio de, 163
alteridade, 141, 160
Amado, Gilberto, 52, 165, 185
Amaral, Azevedo de, 99, 192
América Espanhola, 76
América Latina, 40, 92, 146
amoralidade *ver* moral, moralidade
Amoroso Lima, Alceu *ver* Ataíde, Tristão de
Anchieta, Pe., 188

And keep your powder dry — an anthropologist looks at America (Mead), 91
Andrada e Silva, José Bonifácio de, 66, 67, 68, 181, 189
Angola, 183
Antonil, André João, 35, 181
antropologia, 29, 81, 90, 91, 92, 108, 154, 162, 169, 187, 194, 195, 201
Ao vencedor as batatas (Schwarz), 186, 206
arcadismo, 65, 72, 73, 75, 76, 169, 190
Argentina, 105, 145
arquitetura, 123, 204
arte, 24, 66, 75, 78, 83, 164, 165, 204; *ver também* estética
Assembléia Geral Constituinte e Legislativa do Império do Brasil, 66, 189
Ataíde, Tristão de, 98
auditores, 38, 39, 168, 182
autoritarismo, 39, 41, 42, 53, 84, 90, 119, 127, 146, 165, 182, 185, 192, 195, 203

Avelino Filho, George, 197, 199
Azevedo, Fernando de, 21, 53, 98, 101, 103, 104, 109, 118, 128, 129, 150, 168, 194, 196, 199, 200

Bachelard, Gaston, 156, 205
Bahia, 183
Barbosa, Domingos Caldas, 187
Barbosa, Rui, 180
Barreto, Tobias, 52
Bartra, Roger, 181, 190
Bastos, Elide Rugai, 195, 196
Baudelaire, Charles, 164, 207
Benedict, Ruth, 91, 194
Benjamin, Walter, 207
Biblioteca Real (Rio de Janeiro), 37
biologia, biológico, 79, 82, 85, 90, 91
Boas, Franz, 91
Bonfim, Manuel José do, 22, 82, 83, 104, 192
Boschi, Renato Raul, 182
Brasil, 11, 13, 17, 18, 21, 22, 27, 28, 29, 30, 31, 32, 36, 37, 41, 45, 46, 49, 53, 65, 66, 67, 68, 74, 76, 81, 83, 85, 86, 89, 93, 94, 99, 102, 104, 105, 106, 110, 118, 120, 121, 133, 134, 142, 146, 154, 158, 160, 161, 167, 168, 169, 180, 181, 182, 183, 184, 193, 195, 202, 203, 204, 206, 208
  "brasil" popular *versus* "Brasil" oficial, 142, 146, 188
  caráter brasileiro, 21, 80, 87, 91, 93, 115
  caráter nacional, 65, 69, 72, 78, 87, 88, 90, 113, 133, 182, 188, 193, 194, 195
  colônia, 34, 35, 40, 43, 45, 52, 53, 54, 57, 69, 72, 73, 75, 82, 86, 88, 93, 103, 104, 105, 107, 108, 111, 115, 120, 169, 183, 192, 195, 196, 197

brasilidade, 24, 64, 72, 81, 93, 100, 133, 148, 151, 168, 169
"homem cordial", 64, 115, 116, 120, 126, 155, 196, 198, 199, 200
identidade nacional, 2, 12, 13, 29, 30, 31, 32, 45, 46, 64, 65, 66, 67, 68, 69, 71, 72, 74, 75, 79, 87, 90, 91, 93, 94, 98, 99, 100, 101, 108, 126, 127, 132, 133, 134, 135, 136, 142, 148, 150, 151, 152, 169, 188, 189, 196, 202, 203
Império, 46, 49, 57, 66, 76, 77, 110, 112, 185, 189
Independência, 36, 45, 46, 66, 75, 182, 183, 188, 189, 190, 206
patriarcalismo no, 19, 41, 43, 53, 58, 98, 100, 109, 110, 111, 112, 113, 114, 115, 116, 118, 121, 122, 123, 124, 125, 126, 127, 128, 129, 147, 169, 195, 200
Primeira República, 34, 46, 81, 82, 180
Regência, 182
República, 22, 34, 46, 52, 76, 77, 81, 82, 89, 105, 127, 140, 141, 158, 180, 184
"ser brasileiro", 30, 81, 92, 204, 207
"ser nacional", 68, 71, 79
Brasil na crise atual, O (Amaral), 99
Brasil, O (Bonfim), 99
brasilidade, 24, 64, 72, 81, 93, 100, 134, 149, 151, 168, 169; *ver também* identidade nacional
Buarque de Holanda, Sérgio, 21, 23, 41, 42, 53, 55, 78, 90, 94, 97, 98, 103, 105, 106, 109, 110, 113, 115, 116, 119, 120, 121,

122, 129, 131, 142, 147, 150, 163, 168, 182, 183, 186, 188, 191, 193, 194, 195, 196, 198, 199, 200, 207
burguesia *ver* classes sociais

caipira, 187
Calil, Carlos Augusto, 188
Calligaris, Contardo, 198
Caminha, Pero, 188
Campos, Francisco, 192
Candido, Antonio, 38, 72, 74, 92, 163, 181, 182, 184, 187, 190, 191,194, 195, 207
Canguilhem, Georges, 206
Cantos do fim do século (Sílvio Romero), 78
capitalismo, 164, 183, 207
caráter brasileiro, 21, 80, 87, 91, 93, 115; *ver também* ethos
caráter nacional, 65, 69, 72, 78, 87, 88, 90, 113, 132, 182, 188, 192, 193, 194; *ver também ethos*
Cardoso, Vicente Licínio, 192
Carnavais, malandros e heróis (DaMatta), 187, 203, 204
"Carta a Cassiano Ricardo" (Buarque de Holanda), 120, 199
Carta a El Rei d. Manuel (Vaz de Caminha), 65, 66, 188
Carvalho, José Murilo de, 180, 183, 184, 202
Carvalho, Mario Cesar, 195
Carvalho, Ronald de, 192
Casa-grande & senzala (Freyre), 94, 117, 150, 151, 182, 186, 188, 194, 195, 200
casas *ver* doméstico, recinto
Chakrabarty, Dipesh, 206
Chauí, Marilena, 22, 139, 141, 186, 191, 201

Chrysanthemum and the sword — patterns of japanese culture, The (Benedict), 91
cidadania, 17, 44, 46, 48, 51, 113, 134, 184, 185, 189, 203
cidadania, cidadão, 38, 50, 127, 157, 202
ciência, 29, 76, 156, 205, 207
ciências sociais *ver* sociologia
cinema, 39, 182, 204
civilização, civilidade, 18, 36, 54, 74, 79, 99, 101, 104, 108, 109, 116, 132, 138, 139, 141, 142, 155, 158, 159, 164, 187, 188, 190, 198, 199, 201
Class, Citizenship and Social Development (Marshall), 184
classes sociais, 37, 53, 55, 57, 59, 109, 112, 113, 118, 121, 122, 123, 133, 186, 187, 194, 198, 199, 208
classe média, 50, 51, 52, 57, 118, 123, 186, 191
elites, 35, 45, 58, 136, 183, 184, 190
senhores, 20, 52, 53, 54, 57, 84, 109, 113, 114, 117, 121, 122, 123, 124, 125, 126, 128, 198, 201
clero *ver* Igreja Católica
clientelismo, 21, 203
clima, 81, 104
Cohn, Gabriel, 24
comércio, 38, 108, 122, 125
Comin, Álvaro, 185
Comte, Auguste, 78
comunicação, 27, 34, 38, 39, 40, 163, 168
Conceito de civilização brasileira (Melo Franco), 99
conhecimento, 31, 44, 82, 83, 91, 92, 94, 142, 148, 149, 150, 151, 153, 154, 156, 159, 190, 195, 205

Constituição
  Constituição de 1934, 184
  Constituição Imperial de 1824, 56, 184
  Constituição Republicana de 1891, 90, 184
  revisão constitucional de 1926, 184
convivência, 20, 116, 136, 150, 158
coronelismo, 198
Correio Braziliense, 36, 182
corrupção, 55, 85, 141, 194, 203
Costa, Hipólito José da, 36
Costa, João Cruz, 192
Costa, Valeriano Mendes Ferreira, 195
Coutinho, Afrânio, 191
Couty, Louis, 51, 185
crianças, 114
crime, criminosos, 115, 197, 199
cultura, 2, 12, 13, 16, 22, 23, 24, 30, 36, 38, 39, 49, 53, 54, 58, 59, 60, 64, 67, 70, 73, 74, 76, 78, 81, 84, 85, 90, 91, 93, 94, 98, 99, 100, 101, 102, 103, 104, 105, 106, 108, 110, 112, 114, 115, 116, 118, 120, 121, 122, 123, 124, 125, 126, 127, 128, 129, 133, 134, 135, 136, 137, 139, 140, 141, 143, 144, 145, 146, 147, 148, 149, 152, 153, 155, 156, 157, 158, 159, 162, 163, 165, 169, 170, 182, 183, 184, 185, 187, 188, 192, 193, 195, 196, 197, 198, 200, 201, 203, 204, 205, 207
Cultura e opulência do Brasil por suas drogas e minas (Antonil), 35, 181

DaMatta, Roberto, 22, 66, 136, 139, 142, 143, 144, 145, 147, 187, 188, 200, 202, 203, 204
Darwin, Charles, 78
Debret, Jean Baptiste, 164, 207
Debrum, Michel, 29, 180, 190
democracia, 17, 43, 44, 47, 65, 94, 110, 116, 117, 118, 119, 140, 144, 145, 188, 196, 199
Desenvolvimiento de la ciudadania en Brasil(Carvalho), 184
desigualdade social, 167, 196
determinismo, 85, 87, 88, 138, 157
Diniz, Eli, 182
Dirac, Paul Adrien Maurice, 205
"Discurso em mangas de camisa, Um" (Tobias Barreto), 52
"Discurso sobre a história da literatura no Brasil" (Gonçalves de Magalhães), 74, 191
Dolhnikoff, Miriam, 183, 189
doméstico, recinto, 37, 91, 94, 109, 110, 111, 117, 118, 123, 125, 126, 147, 148, 151, 189, 196, 197, 199, 201, 203; *ver também* rua
Draibe, Sônia Miriam, 185
Duarte, Nestor, 21, 53, 98, 101, 103, 104, 109, 111, 112, 113, 119, 120, 121, 122, 128, 129, 168, 191, 194, 196, 197, 198

economia, 22, 34, 40, 43, 44, 48, 49, 50, 52, 53, 54, 57, 70, 74, 75, 77, 90, 93, 94, 101, 109, 110, 112, 116, 118, 121, 122, 129, 133, 141, 143, 166, 169, 170, 185, 200, 204
educação, 83, 90, 118
Educação comparada — O Brasil, o povo e sua índole (Rodrigues), 99
Einstein, Albert, 3, 17
Elias, Norbert, 198
elites, 35, 45, 58, 136, 183, 184, 190
Ellis Jr, Alfredo, 99
Era Vargas, 39, 47, 118, 185; *ver também* Revolução de 1930
Escola de Frankfurt, 206
escravidão, escravismo, 12, 16, 20, 32, 34, 40, 41, 45, 46, 49, 51, 52, 54, 56, 57, 59, 60, 68, 77, 79, 81, 82,

103, 109, 110, 114, 167, 169, 184, 188, 201
abolição, 52, 58, 68, 77, 103, 119
tráfico negreiro, 119, 183
espaço público, 11, 12, 13, 16, 17, 18, 19, 20, 21, 22, 23, 27, 28, 29, 31, 32, 33, 34, 35, 36, 38, 40, 43, 44, 47, 48, 50, 53, 55, 56, 57, 58, 59, 60, 61, 64, 100, 110, 113, 116, 117, 124, 126, 127, 129, 130, 132, 134, 135, 137, 138, 139, 140, 141, 142, 144, 145, 146, 147, 148, 149, 151, 152, 153, 154, 155, 157, 158, 159, 160, 161, 162, 163, 167, 168, 169, 170, 181, 183, 193, 198, 199, 202, 203
espanhóis, 105, 107, 197
Estado getulista *ver* Era Vargas
Estado-nação, 20, 27, 33, 34, 36, 37, 39, 40, 41, 42, 43, 44, 45, 46, 47, 48, 49, 51, 52, 61, 68, 70, 74, 82, 94, 101, 109, 111, 112, 113, 114, 115, 118, 120, 126, 139, 159, 168, 181, 185, 196, 197, 198
Estados Unidos (EUA), 56, 146, 187, 204, 207
estética, 94, 164, 165, 205, 208; *ver também* arte
ethos (público/nacional), 2, 12, 13, 20, 21, 22, 23, 24, 30, 31, 33, 44, 63, 64, 65, 66, 69, 71, 73, 75, 78, 80, 81, 87, 88, 89, 90, 92, 94, 97, 98, 99, 100, 101, 102, 103, 106, 108, 109, 110, 111, 112, 113, 114, 117, 120, 124, 126, 128, 129, 130, 132, 133, 134, 135, 136, 137, 138, 139, 140, 141, 142, 143, 144, 148, 149, 150, 151, 152, 153, 154, 155, 156, 157, 158, 159, 160, 161, 162, 163, 164, 170, 182, 188, 195, 196, 201, 202, 203, 206, 207
ética, 106, 107, 136

eugenia, 81
Europa, 35, 36, 37, 49, 50, 66, 67, 70, 72, 73, 75, 76, 79, 86, 189
Evolução do povo brasileiro (Oliveira Vianna), 84
Evolução política do Brasil (Prado Júnior), 194

família, 35, 43, 45, 84, 93, 94, 109, 111, 118, 122, 123, 124, 125, 127, 147, 151, 187, 201
familismo, 19, 21, 53, 64, 98, 111, 136, 155
Faoro, Raymundo, 29, 42, 43, 112, 164, 180, 183, 190, 198, 207
Fausto, Boris, 186, 191, 192
Fernandes, Florestan, 49, 185, 191
Fernández, Ana María Rivadeo, 190
fidalgos, 106
filosofia, 78, 87, 91
Filosofia no Brasil, A (Sílvio Romero), 78
filosofia, filosófico, 29, 206
Formação da literatura brasileira (Candido), 72, 181
Formação do Brasil contemporâneo (Prado Júnior), 186, 193
Franco, Afonso Arinos de Melo, 99
Franco, Maria Sylvia de Carvalho, 57, 186, 187
Freud, Sigmund, 80, 91, 194, 195
Freyre, Gilberto, 21, 23, 41, 43, 52, 65, 90, 91, 93, 94, 97, 98, 99, 101, 102, 103, 105, 107, 108, 109, 114, 117, 119, 121, 122, 123, 124, 126, 127, 128, 129, 131, 134, 142, 143, 146, 147, 150, 168, 182, 183, 186, 194, 195, 197, 198, 199, 200, 201, 204, 207

genética, 43, 80, 83, 90
geografia, 45, 48, 67, 81, 124, 126, 144, 170, 192, 197, 202

Gobineau, Joseph Arthur, 80
Gomes Brandão, 181
Gomes, Angela de Castro,182, 184
Gómez, Alfredo Gutiérrez, 205
Gonçalves Dias, Antônio, 68
Gonzalbo, Fernando Escalante, 180
Guaratinguetá, 186
Guatimozin *ver* Pedro I, dom

hábitos sociais, 34, 35, 37, 58, 106, 116, 123, 199, 200
Hamburger, Esther, 182
Hansen, João Adolfo, 188
Heisenberg, Werner Karl, 206
historiografia, 32, 33, 45, 54, 66, 69, 70, 71, 76, 103, 117, 150, 151, 158, 162, 184, 190, 191, 192, 194, 205, 207
Holton, Gerald, 189, 205
"homem cordial", 64, 115, 116, 120, 126, 155, 196, 199, 200, 201

Ianni, Octávio, 52, 185, 186, 190, 191, 194, 199
identidade nacional, 2, 12, 13, 29, 30, 31, 32, 45, 46, 64, 65, 66, 67, 68, 69, 71, 72, 74, 75, 79, 87, 90, 91, 93, 94, 98, 99, 100, 101, 108, 126, 127, 132, 133, 134, 135, 136, 143, 149, 150, 151, 153, 169, 189, 190, 196, 202, 203
ideologia, 20, 29, 36, 50, 51, 55, 56, 57, 59, 72, 79, 81, 100, 133, 135, 138, 147, 189, 191, 196, 202, 205
"idiossincrasia nacional", 60, 100, 108, 153, 158, 184
Igreja Católica, 34, 67, 109, 125
clero, 55, 187
igualdade, 16, 17, 50, 51, 110, 116, 135, 136, 144, 145, 146, 158, 188, 196
Iluminismo, 36, 37

imprensa, 34, 35, 37, 78, 168, 182
incivilização, 13, 21, 22, 32, 53, 64, 138, 139, 140, 141, 142, 155, 160, 161, 202
indianismo, 46, 74, 192
índios, 67, 68, 75, 78, 79, 190, 197
individualismo, 41, 86, 106, 110, 122, 127, 144, 145, 199, 200
Infeld, Leopold, 3, 17
Inquisição, 34
integração social, 41, 44, 46, 47, 55, 94, 123
integralismo, 187
intelectualidade, intelectuais, 24, 29, 40, 44, 55, 60, 63, 68, 75, 79, 83, 92, 98, 133, 136, 139, 154, 158, 164, 169, 182, 183, 202, 207
Introdução à psicologia social (Ramos), 99
Itaboraí, Nathalíe Reis, 195

"jeitinho brasileiro", 155, 204; *ver também* "malandro", "malandragem"
jesuítas, 65, 182, 189
jornalismo, jornalistas, 39, 183; *ver também* Literatura

Koselleck, Reinhart, 199
Kowarick, Lúcio, 25, 57, 187, 202
Kuhn, Thomas S., 206

Lamounier, Bolívar, 185, 192
Lapouge, Gorges Vacher de, 80
Lavalle, Gerardo Gurza, 186
Leal, Victor Nunes, 112, 132, 197
Lei Áurea, 58, 77
lei, legislação, 17, 47, 48, 56, 57, 66, 78, 87, 90, 112, 116, 136, 144, 146, 147, 198
Leite, Dante Moreira, 72, 79, 83, 84, 132, 183, 188, 189, 191, 193, 194, 201, 204

Leñero, Luis, 181
liberalismo, 47, 181, 185, 200
liberdade, 18, 25, 27, 34, 50, 51, 150, 185, 202, 203
Lima, Luiz Costa, 182
língua, linguagem, 52, 67, 75, 146, 199, 205
Literatura, 35, 36, 37, 38, 39, 72, 74, 75, 165, 183, 189, 205

Machado de Assis, Joaquim Maria, 163, 164, 207
maçonaria, 38, 182
Magalhães, José Gonçalves de, 68, 74, 191, 195
"malandro", "malandragem", 70, 155, 188, 208; *ver também* "jeitinho brasileiro"
Mardones, José M., 205
Marini, Ruy Mauro, 190
Marshall, T. H., 184, 202
Martin de Moussy, Jean Antoine Victor, 83
Martins, José de Souza, 22, 141, 201, 202, 203
Martins, Wilson, 192
Martius, Carl Friederich Philippe von, 66, 67, 68, 75, 76, 189
Marx, Karl, 205
marxismo, 54, 55, 56
Mateus, Morgado de, 51, 185
Matos, Gregório de, 187
Mead, Margaret, 91
Mello e Souza, Laura de, 57, 187
Melo, Marcus André B. C. de, 185
Memórias de um sargento de milícias (Almeida), 163
Memórias póstumas de Brás Cubas (Machado de Assis), 163, 164
mercado, 33, 47, 55, 57, 147, 183, 186
mestiçagem, mestiços *ver* miscigenação racial

Mestre na periferia do capitalismo, Um (Schwarz), 164, 207
México, 21, 181, 204
Millán, Márgara, 190
Miranda, Aurora, 39, 182
Miranda, Carmem, 39, 182
miscigenação racial, 67, 68, 69, 83, 90, 102, 170, 190
 caboclos, 52, 79, 83
 mulatos, 67, 188
mitos sobre a origem nacional *ver* origem nacional, mitos da
modernidade, 19, 32, 59, 60, 77, 94, 136, 138, 139, 142, 144, 165, 166, 170, 181
Moisés, José Álvaro, 206
Monarquia, 52, 66
moral, moralidade, 21, 54, 55, 58, 59, 60, 65, 67, 70, 74, 85, 86, 142, 143, 169, 182, 190, 201, 204
Morin, Edgar, 205
Mota, Carlos Guilherme, 132, 183, 192, 194, 195
música, 188, 205, 208
Myrdal, Gunnar, 60, 187

Nabuco, Joaquim, 15, 16, 68, 195
nacionalidade brasileira, 22, 30, 65, 68, 79, 81, 85, 92, 113, 133, 152, 165, 188, 204
nacionalismo, 74, 189, 190, 207
nativismo, 65, 73, 75
naturalismo, naturalista, 30, 60, 65, 80, 81, 82, 84, 85, 90, 93, 102
Naves, Rodrigo, 163, 164, 204
Nebbia, Angel, 181
negros, 59, 67, 68, 79, 81, 188, 190, 197; *ver também* africanos
Neoclassicismo, 165, 166; *ver também* Arcadismo
Novais, Fernando, 193

O'Donell, Guillermo, 22, 139, 141, 145, 203
Oeiras, Conde de, 185
oligarquia cafeeira, 119, 184, 186
Oliveira Torres, João Camilo de, 66, 182, 188, 202
ordem social, 44, 55, 57, 61, 76
origem nacional, mitos da, 65, 100, 189, 192
Ortiz, Renato, 181, 182

Padilla, Guillermo Zermeño, 206
Padre Anchieta, 188
Parceiros do Rio Bonito, Os (Candido), 187
Partido Abolicionista, 15
pathos, 30, 31
patriarcalismo, 19, 41, 43, 53, 58, 98, 100, 109, 110, 111, 112, 113, 114, 115, 116, 118, 121, 122, 123, 124, 125, 126, 127, 128, 129, 135, 148, 170, 195, 200, 201
patrimonialismo, 19, 21, 42, 115
patriotismo, 36, 37, 74, 75, 192
Paz, Octavio, 135, 136, 201
Pedro I, dom, 38, 181
Pensamento Complexo, 205
Pequenos estudos de psychologia social (Oliveira Vianna), 84
Pereira Furtado, Joaci, 188
Personalidade autoritária, A (Adorno), 92
personalismo, 13, 19, 21, 84, 106, 107, 109, 115, 119, 127, 139, 142, 147, 201
Pietri, Arturo Uslar, 206
pobres, pobreza, 57, 135, 188, 202
poder público, 34, 36, 37, 38, 40, 41, 45, 46, 47, 48, 50, 53, 55, 73, 94, 109, 111, 112, 113, 114, 121, 122, 127, 148, 181, 185, 190, 198, 201, 205
poesia, 76, 205
política, 12, 15, 16, 17, 18, 19, 20, 22, 23, 27, 28, 29, 30, 31, 32, 33, 34, 35, 36, 37, 38, 40, 41, 42, 43, 44, 45, 46, 47, 48, 49, 50, 51, 52, 53, 55, 56, 57, 58, 59, 60, 61, 64, 65, 66, 67, 69, 70, 72, 73, 74, 75, 76, 77, 82, 85, 88, 90, 94, 95, 98, 100, 101, 102, 104, 105, 109, 110, 111, 112, 113, 114, 115, 116, 118, 119, 120, 121, 123, 125, 126, 127, 128, 129, 133, 135, 136, 138, 139, 140, 141, 142, 143, 144, 147, 148, 153, 154, 158, 159, 162, 163, 166, 167, 168, 169, 184, 185, 186, 188, 191, 195, 196, 197, 198, 199, 200, 201, 202, 204, 205, 206, 207
Popper, Karl R., 154, 155, 156, 205
população, 37, 51, 52, 59, 67, 79, 93, 124, 142, 166, 188, 190, 203
Populações paulistas (Ellis Jr.), 99
Populações meridionais do Brasil (Oliveira Vianna), 84, 194
Portugal, 104, 108, 196
  Casa Real dos Bragança, 184
  família real, 35, 45, 122
portugueses, 79, 104, 105, 106, 107, 108, 189, 190, 197
positivismo, 49, 76, 81, 170
povo, 2, 51, 52, 59, 61, 66, 69, 70, 76, 78, 79, 83, 84, 85, 98, 99, 112, 113, 118, 133, 169, 170, 184, 185, 193, 197, 198, 200, 207
Prado Júnior, Caio, 53, 54, 90, 93, 186, 188, 193
Prado, Paulo da Silva, 22, 65, 82, 85, 86, 87, 88, 185, 187, 188, 191
privado, mundo, 12, 18, 21, 32, 41, 44, 47, 48, 53, 58, 59, 94, 97, 99, 100, 110, 111, 113, 116, 121, 125, 126, 128, 129, 136, 139, 140, 141, 145, 147, 148, 155, 158, 159, 160,

161, 166, 168, 169, 170, 181, 185, 197, 198, 202, 204
  intersecção entre esferas públicas e privadas, 12, 21, 47, 58, 97, 100, 111, 113, 125, 126, 129, 139, 140, 141, 159, 160, 161, 204
privatismo, 19, 28, 41, 53, 64, 100, 108, 109, 110, 113, 120, 121, 124, 130, 155, 159, 170, 197, 198
propriedade, proprietários, 48, 50, 53, 57, 58, 110, 118, 198, 202
psicanálise, 91, 114, 115, 161
psicologia, 23, 29, 54, 60, 64, 80, 81, 84, 85, 86, 87, 88, 90, 91, 92, 93, 98, 99, 100, 106, 109, 112, 114, 115, 133, 156, 157, 169, 193, 194, 195, 197, 198, 199, 200, 202, 205

Quatrefages, Armand de, 83

Raça e assimilação (Oliveira Vianna), 84
raça, racial, 23, 59, 60, 65, 67, 70, 80, 81, 82, 83, 84, 85, 86, 87, 90, 91, 93, 102, 193, 201
  miscigenação racial, 68, 69, 83, 90, 102, 170, 190
rádio, 39, 48, 183
Rádio Nacional, 39
Raízes do Brasil (Buarque de Holanda), 94, 104, 117, 119, 151, 182, 194, 195, 196, 197, 198, 201
Ramos, Artur, 99
razão, racionalidade, 29, 31, 37, 41, 42, 50, 105, 111, 113, 115, 136, 168, 170, 191
reconhecimento, 47, 48, 107, 160, 166, 203
Reis, Elisa, 184
relações sociais, 16, 41, 43, 51, 53, 54, 57, 58, 88, 100, 106, 107, 109, 110, 113, 114, 115, 116, 126, 136, 139, 142, 144, 145, 158, 165, 170, 196, 197, 199, 202
religião, religiosidade, 34, 55, 86, 208
representações
  da história, 117, 150, 205
  da vida pública, 149, 150, 151, 153, 154, 167
  das relações sociais, 51
  de interesses, 47, 55
  do nacional, 46, 117
Retrato do Brasil — Ensaio sobre a tristeza brasileira (Prado), 85, 182, 185
Revolução de 1930, 47, 87, 90, 92, 93, 192
Ricardo, Cassiano, 120, 198, 199
Rio de Janeiro, 37, 165
Rivera, Diego, 204
Rodrigues, Milton Silva, 99
Rodrigues, Nina, 68
Romantismo, 33, 36, 37, 38, 46, 49, 65, 66, 72, 73, 74, 75, 76, 78, 79, 80, 81, 86, 104, 170, 184, 189, 190
  indianismo, 46, 74, 192
Romero, Sílvio, 52, 68, 78, 79, 192, 206
rua, 125, 126, 127, 147, 148, 189, 201; *ver também* doméstico, recinto
rural, mundo, 41, 48, 70, 84, 85, 100, 102, 107, 110, 111, 113, 115, 118, 122, 123, 126, 127, 129, 133, 148, 186, 198, 201
  latifúndio, latifundiários, 41, 109, 122, 135
"ruralismo", 41, 110, 198

Sales, Teresa, 22, 134, 195
Santos, Wanderley Guilherme dos, 185
São Paulo, 183, 185
Schwarcz, Lilia Moritz, 180
Schwarz, Roberto, 56, 159, 163, 186, 206, 207

Segunda Guerra Mundial, 91, 194
Sennet, Richard, 198
sensualidade, 65, 66, 73, 86, 87, 170
"ser brasileiro", 30, 81, 92, 204, 207
"ser nacional", 68, 71, 79
Sevcenko, Nicolau, 182
sexualidade, 114, 193
Skidmore, Thomas, 65, 188
soberania política, 45, 183
Sobrados e mucambos (Freyre), 94, 117, 118, 123, 151, 183, 186, 195, 200
sociabilidade, 20, 21, 22, 50, 53, 88, 89, 100, 110, 111, 114, 115, 116, 120, 122, 123, 124, 126, 128, 134, 140, 141, 142, 143, 147, 153, 160, 161, 164, 165, 166, 167, 170, 196, 202, 203, 204
sociedade, 2, 19, 27, 29, 34, 36, 40, 41, 42, 43, 44, 47, 49, 50, 51, 52, 53, 54, 55, 56, 57, 58, 59, 61, 69, 74, 77, 85, 88, 90, 94, 102, 103, 107, 108, 109, 111, 112, 113, 116, 117, 118, 120, 121, 123, 128, 133, 136, 139, 140, 144, 145, 146, 147, 148, 161, 163, 166, 168, 169, 182, 183, 185, 186, 187, 194, 196, 197, 198, 199, 200, 201, 203, 207
sociedades, 31, 32, 36, 38, 55, 70, 83, 85, 193, 205
sociologia, 17, 81, 90, 92, 116, 142, 148, 153, 154, 156, 157, 162, 164, 165, 166, 188, 192, 193, 195, 200, 204, 206
Sodré, Nelson Werneck, 181
Sousa Caldas, Antônio Pereira de, Pe., 68
Souza, Gabriel Soares de, 64

Tassinari, Alberto, 207
Taylor, Charles, 183
televisão, 39, 182
Telles, Vera da Silva, 22, 134, 141, 201, 202
Teoria da Complexidade *ver* Pensamento Complexo
Thomaz, Omar Ribeiro, 117, 150, 199
Torres, Alberto, 165, 192
trabalho compulsório *ver* escravidão, escravismo
trabalho, trabalhadores, 48, 52, 55, 93, 106, 107, 119, 185, 186, 188
carteira de trabalho, 186
regulamentação das profissões, 47, 48, 125, 186
sindicatos, 186
Traços da psicologia do povo brasileiro (Tristão de Ataíde), 98
tristeza, melancolia, 67, 70, 72, 85, 86, 183, 189, 201

urbano, mundo, 41, 110, 118, 122, 123, 124, 126, 186, 203
urbanização, 70, 85, 103, 119, 122, 123, 124, 148, 201

Vacas, Francisco de, 187
Vale do Paraíba, 186
Vargas, Getúlio, 47, 119, 199
"Variações sobre o homem cordial" (Cassiano Ricardo), 198
Varnhagen, Adolfo de, 68, 191
Vasconcellos, Gilberto, 187, 207
Vaz de Caminha, Pero, 65, 66, 188
Verissimo, Erico, 145, 204
Vespucci, Amerigo (Américo Vespúcio), 64
Vianna, Francisco Oliveira, 22, 41, 43, 82, 84, 85, 105, 106, 112, 165, 183, 185, 192, 193, 196
Vicente do Salvador, frei, 188
vida privada, 12, 21, 32, 136, 147, 169, 181, 183, 203
vida pública, 12, 13, 16, 19, 20, 21,

22, 23, 28, 29, 30, 31, 32, 33, 34, 44, 47, 49, 56, 58, 59, 60, 61, 63, 85, 89, 100, 111, 113, 124, 130, 134, 135, 136, 137, 138, 139, 140, 142, 145, 148, 149, 154, 158, 159, 160, 161, 163, 167, 168, 169, 170, 197, 198, 202
Villa-Lobos, Heitor, 145
Villegas, Daniel Cosío, 21
Villoro, Luis, 204
violência, 46, 57, 58, 83, 109, 110, 114, 115, 119, 166

Volta do gato preto, A (Verissimo), 146, 205
Von Martius, Carl Friederich Philippe *ver* Martius, Carl Friederich Philippe von

Waitz, Theodor, 83

Zea, Leopoldo, 206
Zemelman, Hugo, 189, 205